상상의 힘

네빌고다드 지음

서른세개의 계단

펴낸곳 서른세개의 계단

사색에만 빠진 철학은 삶과의 괴리를 만들고, 현실의 이익에만 눈을 돌린 자기계발은 삶의 의미를 잃고 방황하게 만듭니다. 그래서 실천적인 형이상학, 즉 현실에 도움이 되면서 삶의 의미를 명확하게 할 수 있는 책을 발간하고자 하는 것이 서른세개의 계단 출판사의 목표입니다. 계속 좋은 책을 발간하도록 노력하겠습니다.

듣는 자가 아닌 실천하는 자가 되세요.

네빌 고다드

네빌고다드의 삶

요약

네빌 고다드(Neville Goddard, 1905년 ~ 1972년)는 영국령 서인도 제도 출생의 형이상학자이자 강연자이다. 현재의 수수께끼로 대두되는 끌어당김의 법칙을 1930년대에 강연했다.

생애

서인도제도의 바베이도스에서 1905년 9남 1녀 중 넷째로 태어났다. 17살이 되던 해 드라마를 배우기 위해 미국으로 건너간다. 생계를 위해 댄서생활을 하던 중 친구가 소개해준 책을 통해 형이상학을 접한다. 그렇게 형이상학에 대한 관심이 높아가던 중 그 당시 카발라, 성경의 비의적 해석, 히브리어, 상상의 법칙에 대해 강연하던 에티오피아 랍비인 압둘라를 만나게 된다. 그의 강의에 매료된 네빌고다드는 7년 동안 매일 그에게 "법칙"에 관한 것들 모두를 배운다. 그 후 자신이 깨달은 것과 경험한 것을 로스앤젤레스, 뉴욕, 샌프란시스코를 중심으로 미국 전역에 강연을 한다. 그의 강의는 모두 만원사례를 이룬다.

법칙

그의 초반 강의의 핵심은 '상상이 현실을 창조한다'는 것이다. 이것을 법칙이라고 말한다.

압둘라는 네빌에게 두 번의 죽음이 올 것이라고 예언했는데, 여기서 죽음이란 과거의 시야에서 벗어나 완전히 새로운 시야를 갖게 되는 경험을 상징적으로 표현한 단어이다. 그 첫 번째 죽음은 그가 뉴욕에서 바베이도스에 가고 싶다는 소망이 생겼을 때이다. 그는 자신의 상상력을 사용해 소망을 현실로 만들어내는 첫 번째 경험을 하게 된다. 이로써 상상이 현실을 창조한다는 확신을 갖게 되면서 세상을 바라보는 시야가 뒤바뀌게 된다.

압둘라가 세상을 떠난 후 네빌은 그가 압둘라에게 배웠던 "법칙"을 미국 전역에 강의한다. 그러던 중 그는 압둘라가 예언했던 또 한 번의 상징적인 죽음을 맞이하게 된다. 그것은 약속이다.

약속

네빌은 1959년부터 1260일간 일정한 내면의 경험을 갖는다. 그것은 자신 안에서 또 하나의 자아가 깨어나는 신비적이면서 상징적인 경험이었다. 그는 이렇게 말했다.

"나는 그것을 경험하기 전까지는 그 누구에게서 이것에 대해 들어본 적도 없었습니다. 그 경험은 그 해 여름에 시작되어 3년 반동안 진행되었습니다."

이 경험을 겪은 후 1960년대와 1970년대의 강연에서는 법칙보다 약속을 더 강조했다.

"당신은 상상의 힘을 이용해서 자신의 환경을 바꿀 수 있습니다. 하지만 그것은 영원하지 않습니다. 당신은 상상력을 이용해서, 큰 부를 얻거나, 유명해지거나, 이런 일들을 할 수 있습니다. 하지만 당신이란 존재의 진짜 목적은 이런 것이 아닙니다. 바로 약속을 성취하는 것입니다."

그가 이렇게 약속에 대한 강의를 하게 되자, 세속적인 성취만을 바라는 청중들은 하나둘씩 떠나기 시작했다. 그들에게는 지금 당장의 현실만이 중요했기 때문이었다.

그러자 강의실을 대관해주던 사람들은 다시 예전의 강의로 돌아가라고 말한다. 하지만 네빌고다드는 자신의 뜻을 꺾지 않고 자신이 지금 이곳에 살아 있는 이유를 다하고자 한다.

삶과 죽음에 대한 관점

그는 죽음에 대해 이렇게 말했다. "당신은 문을 열고 새로운 곳으로 가게 됩니다. 우린 그 문을 죽음이라고 말합니다. 죽음은 단지 그뿐입니다. 우리가 죽은 즉시, 다시 이 세상처럼 회복됩니다. 지금 이 땅에서 가졌던 것과 같은 문제를 지니면서 그 세상에서도 우리의 정체성을 이어가게 됩니다. 그곳에서도 성장하고, 결혼하고, 이곳에서 지녔던 죽음에 대한 공포도 똑같이 지닌 채 죽습니다. 만약 약속을 경험하지 못한 채 죽음을 겪게 된다면 자신의 과업을 가장 잘 성취할 수 있는 장소를 골라, 그곳에서 태어나 죽고, 태어나 죽고를 반복합니다. 그러다가 결국 **당신 안에 그리스도가 생겨나면** 그때 당신은 **부활의 아들**이 되어 더 이상은 이 죽음의 세상에 돌아오지 않습니다."

그는 자신이 죽기 전 강의에서 이렇게 말했다. "제게 주어진 시간이 짧다는 것을 전 압니다. 전 이 땅에서 제게 주어진 일들을 다 마쳤기 때문에 이곳을 떠나기를 열렬히 바라고 있습니다. 약속은 이미 제게서 이루어졌기에 전 이 3차원의 세상으로 다시 돌아오지는 않을 것입니다. 하지만 제가 어디에 있든, 저는 지금 이곳에서 여러분들을 알아보는 것처럼 그곳에서도 여러분들을 알아볼 것입니다. 왜냐하면 우리는 사랑이란 무한한 끈 안에 묶여 있는 한 형제이기 때문입니다."

네빌은 1972년 10월 1일에 67세의 나이로 이 땅의 삶을 마쳤다. 압둘라의 또 다른 제자였던 조셉머피는 네빌에 대해 이렇게 말했다.

"결국 세상 사람들이 네빌을 가장 위대한 신비가로 인식하게 될 날이 오게 될 것입니다."

들어가기 전에

최면은 피암시자를 암시에 가장 수용적인 상태로 만든 후에 잠재의식에 하나의 인상을 각인하는 방법입니다. 우리는 그것을 통해 잠재의식에 변화가 생길 때 현실에서 어떤 변화가 일어나는지 알 수 있습니다.

암시자는 피암시자를 최면상태로 유도한 후에 "당신은 12시가 되면 창문을 엽니다!"라는 식으로 암시를 줍니다. 그리고 아무일도 없었다는 듯 피암시자를 최면상태에서 깨워 돌려보냅니다. 평소와 같은 일상을 보내던 피암시자는 12시가 되었을 때, 갑자기 창문을 열고 싶은 충동을 느껴 실행에 옮깁니다.

우리는 자유롭게 원하는 것을 선택하고, 원하는 일을 한다고 생각합니다. 하지만 그것을 골랐던 선택의 충동은 과연 어디에서 주어졌을까요? 네빌고다드는 우리의 행동 중 많은 부분이 잠재의식에 각인된 인상에서 주어진다고 말합니다. 그래서 그는 우리가 현재의식만을 보면서 자유의지가 있다고 말하는 것은 착각이라고 말합니다. 강한 어조로 **자유의지라는 환상**이라고까지 말합니다. 그렇다고 이 말이 우리가 현실을 개척할 힘이 없다는 뜻이 아니라, 우리 일상의 결정과 의지가 잠재의식의 결정을 따른다는 뜻입니다.

살아오면서 실패도 하고 성공도 했을 것입니다. 왜 그 일에 실패했나요? 왜 그 당시 그런 결정을 해서 실패를 경험했었나요? 왜 그 일에 성공했었나요? 어떻게 그런 용기가 생겨서, 혹은 어떻게 그런 운 좋은 결정을 해서 그런 일에 성공할 수 있었나요? 단지 운이라고만 말할 수 있을까요?

땅에서 발이 떨어지지 않는다고 누군가에게 최면을 걸었다면, 최면에 풀리기 전까지는 꼼짝도 하지 못합니다. 자신을 막고 있는 외부적인 장애는 그 어디에도 없는데도 말입니다.

만약 우리의 잠재의식에 실패하는 모습만이 각인되어 있다면, 혹은 불가능으로 바라보는 시선만 각인되어 있다면, 과연 우리는 어떤 결과를 경험하게 될까요? 우리는 조금씩 상황을 달리하지만 어떤 식의 최면에 걸려 있는 상태입니다.

"상상이 현실을 창조한다!"

세상 사람들은 이 말을 미신적이고 허구적인 말로 받아들입니다. 하지만 잠재의식에 대해 알게 된다면 이 말은 더 이상 미신적이고 허구적인 것이 아니라는 것을 깨닫게 됩니다. 그리고 우리의 삶을 변화시키기 위해 자연스레 잠재의식의 영역을 살펴보게 됩니다.

잠재의식은 우리의 삶에서 가장 중요한 부분입니다. 하지만 그것에 대해 밝혀진 것이 너무 적기에, 사람들은 그것의 중요성을 모르고 삽니다. 그래서 대부분의 사람들은 상상력을 이용해서 잠재의식을 주체적으로 원하는 방향으로 만들려하지 않고, 의지와 결심의 힘만을 맹신한 채 매번 똑같은 실패를 반복하며 삽니다. 이 네빌고다드의 강의를 읽고 잠재의식의 중요성을 깨닫기를 바랍니다. 그리고 상상력이라는 쓰여지지 않은 마음의 근육을 계발해보시기 바랍니다. 그것은 잠재의식을 바꿀 수 있는 매우 효과적인 도구입니다.

전 지독하게도 나쁜 운이 저를 따라다닌다고 생각했던 적이 있었습니다. 그런데 저를 따라다니던 운명이란 것은 없었고, 그런 생각이 나를 이끌어간다는 것을 알게 된 후부터, 조금씩 그 지독했던 불운에서 나올 수 있었습니다. 예전의 저와 같이, 운명이라는 허상에 사로잡혀 있는 분들이 있다면 꼭 이 책을 읽고, 이 책에서 방법을 찾아보시기 바랍니다. 다른 이유나 변명을 대지 않고, 모든 것의 원인을 상상과 생각에서 찾아보시기 바랍니다. 지금의 상황에서 탈출할 수 있을 것입니다.

이 책은 1954년에 네빌고다드가 책으로 출판했던 AWAKENED IMAGINATION과 작은 소책자 SEARCH, 그리고 1960년 이후에 대중들에게 강의했던 음성파일 세개를 번역했습니다. AWAKENED IMAGINATION과 SEARCH는 최지원님이 번역했고, 음성

강의 세개는 안유진님이 직접 듣고 번역했습니다.

네빌고다드는 자신의 강의에서 성경과 블레이크 시를 자주 인용합니다. 그의 강의에 익숙하지 않은 독자라면, 갑작스럽게 인용되는 상징이 무슨 뜻인지 처음에는 어리둥절할 수도 있습니다. 하지만 계속 읽어본다면 그것들이 담고 있는 많은 뜻을 알게 될 것이고, 왜 그렇게 어려운 상징들을 쓰는지도 이해할 수 있게 될 것입니다.

계속해서 읽으시고, 이 책이 담고 있는 많은 뜻을 이해하여 자신의 삶에서 적용하기를 기원합니다.

서른세개의계단 대표 이상민

Contents

004 네빌고다드의 생애
008 들어가기 전에

014 AWAKENED IMAGINATION 깨어난 상상력

    017 Chapter 1. 당신의 상상력은 누구입니까?
    030 Chapter 2. 비밀의 가르침
    047 Chapter 3. 내부세계의 고속도로
    058 Chapter 4. 교정용 가지치기 가위
    070 Chapter 5. 천국의 주화
    086 Chapter 6. 그것은 내 안에 있다
    096 Chapter 7. 창조는 끝났다
    108 Chapter 8. 하느님의 소중한 존재

112 THE SEARCH 더 서치

126 네빌고다드 음성강의

    128 THE UNALLOYED 순수함

    182 THE POWER 더파워

    232 FEEL AFTER HIM 상상속에서 구하라

AWAKENED IMAGINATION
깨어난 상상력

깨어난 상상력

.

.

그것은 목표를 이루게 하는 힘

소망을 성취하게 하는 힘

Chapter 1. 당신의 상상력은 누구입니까?

Chapter 2. 비밀의 가르침

Chapter 3. 내부세계의 고속도로

Chapter 4. 교정용 가지치기 가위

Chapter 5. 천국의 주화

Chapter 6. 그것은 내 안에 있다

Chapter 7. 창조는 끝났다

Chapter 8. 하느님의 소중한 존재

상상력! 그것은 진실하고 영원한 세계이다. 단조로운 이 세계는 단지 흐릿한 그림자일 뿐이다. 인간의 삶이 기법과 과학이 아니고 무엇이겠는가?

 ―윌리엄 블레이크(William Blake), <예루살렘Jerusalem>

상상력이 지식보다 더 중요하다.

 ―알버트 아인슈타인(Albert Einstein) 〈온사이언스On Science〉

Chapter 1

Who Is Your Imagination?
당신의 상상력은 누구입니까?

나는 영원한 세상을 열어,
인간이 가진 불멸의 눈을 뜨게 해서
생각의 세상으로 가기 위해,
하느님의 가슴 속에 영원히 확장되는 영원함으로 가기 위해,
나의 위대한 작업을 쉬지 않는다.
그 작업터는 바로 인간의 상상력이다.

—블레이크 〈예루살렘〉 5:18-20

어떤 단어들은 오랜 기간 사용되면서 낯선 속뜻을 너무 많이 담아 더 이상 어떤 의미도 나타내지 못하게 되었습니다. 그런 단어 중 하나가 바로 상상력입니다. 이 단어는 많은 종류의 의미를 담고 있는데, 그 중 일부는 완전히 상반되는 것도 있습니다. 상상력은 공상, 생각, 환각, 의심 등 다양한 상황에서 다양한 의미로 쓰입니다. 이 단어는 딱히 정해진 상태나 의미도 없습니다. 예를

들어, 우리가 어떤 사람에게 "상상력을 좀 이용하라!"고 말할 때는 그 사람의 현재 사고관이 특정한 일을 하기에 너무 틀에 박혀 있다는 뜻을 담고 있습니다. 어떤 상황에서는 한 사람의 생각을 "그건 순전히 네 상상력에서 나온 것이지"라고 표현한다면 그 생각이 부적절하다는 의미입니다. 또한 질투심이 강하거나 의심이 많은 사람을 "상상력의 피해자"라고 말하는데, 이는 그의 생각이 사실이 아님을 의미합니다. 그러다 잠시 후 우리는 어떤 사람을 "상상력이 풍부한 사람"이라고 칭하면서 최고의 찬사를 보내기도 합니다. 이처럼 상상력은 특정한 의미가 없습니다. 사전도 도움이 안 되기는 마찬가지입니다. 사전에서는 상상력을 다음과 같이 정의하고 있습니다.

1) 무언가를 생생하게 그려내는 마음의 힘이나 마음의 활동. 건설적이거나 창조적인 원칙
2) 환영
3) 비이성적인 개념이나 믿음
4) 정신적인 구조를 포함하는 계획, 구성, 제도

상상력에는 이런 많은 의미가 담겨 있지만 저는 인간의 상상력을 복음서의 주인공과 동일한 것으로 보고 있습니다. 여기서 말하는 인간의 상상력이란 죄를 용서하고 우리의 목적을 달성하

게 만드는 힘입니다.

만물이 그로 말미암아 지은 바 되었으니 지은 것이 하나도 그가 없이는 된 것이 없느니라.
  -요한복음 1:3

세상에는 오직 한 가지, 상상력이 있을 뿐이고 거기서부터 우리의 모든 것이 변형되어 나왔습니다.

그는 멸시를 받아 사람들에게 버림받았으며 슬픔의 사람이며, 질고에 익숙한 자라.
  -이사야 53:3

상상력이 바로 현실로 통하는 관문입니다. 블레이크는 이렇게 말했습니다.

인간은 하느님의 궤이거나 땅과 물의 환영이다. 인간은 천성적으로 감각에 예속된 자연의 유기체일 뿐이다. 하지만 인간의 영원한 육체는 상상력이고 그것이 곧 하느님이고 신성의 몸이다. 예수 그리스도, 우리는 그의 일부이다.

저는 블레이크만큼 상상력이란 단어를 정확하고 훌륭하게 정의한 사람은 없다고 생각합니다. 우리는 상상력을 통해 원하는 존재가 될 수 있는 힘을 갖게 됩니다. 또한 상상력을 통해 폭력으로 가득 찬 세상을 누그러뜨리고 바꿀 수도 있습니다. **태고부터 풀리지 않은 미스터리** 즉, 우리 안의 그리스도가 바로 상상력이라는 사실에 눈을 뜰 때 우리와 가장 밀접하고도 가장 직접적인 원인세계를 이루고 있는 것이 상상력이란 것을 깨닫습니다. 그리고는 오직 상상력에 의해 살 때만이 진실로 살아가는 것임을 깨닫게 됩니다.

저는 이 책이 가장 단순하면서도 가장 분명하고도 가장 솔직한 작품이 되길 바랍니다. 전 그렇게 만들 수 있으리라 생각됩니다. 저는 여러분이 상상력을 활용하고 불멸의 눈을 떠서 여러분의 시선을 생각의 세상으로 돌리기를 바랍니다. 그러면 그곳에서 여러분은 마음속의 모든 소망을, **이미 수확할 때가 되어 하얗게 익은 곡식**으로 볼 수 있게 될 것입니다.

내가 온 것은 양으로 생명을 얻게 하고 더 풍성히 얻게 하려는 것이라.

-요한복음 10:10

그리스도가 우리에게 약속한 풍성한 삶은 우리가 지금 경험할 수 있는 삶입니다. 하지만 그리스도가 우리의 상상력이라는 사실을 깨달아야만 경험할 수 있습니다.

이 비밀은 만세와 만대로부터 감추어졌던 것인데, 이제는 그의 성도들에게 나타났고, 하느님이 그들로 하여금 이 비밀의 영광이 이방인 가운데 얼마나 풍성한지를 알게 하려 하심이라. 이 비밀은 너희 안에 계신 그리스도시니 곧 영광의 소망이니라.

—골로새서 1:26,27

이것이 바로 제 스스로가 깨닫기 위해 무던히도 애를 썼고, 다른 사람들도 깨닫기를 바랐던 **미스터리**입니다.

상상력은 그리스도, 곧 천국에서 온 주이고, 사람의 몸을 통해 태어났으나 사람에게서 나지 않은 그리스도입니다.

모든 사람은 마리아이며 그리스도를 낳아야 합니다. 무원죄 잉태설[1](immaculate conception: 성모 마리아가 잉태를 한 순간 원죄가 사해졌다는 기독교의 믿음-역주)과 그리스도의 탄생이 사람들에게 비이성적인 것으로 여겨진다면 그 이유는 읽는 이가 성경을 한 사람의 전기나 역사, 우주론으로 오해했기 때문입니다. 또

---

1. 네빌은 이 용어를 마리아의 처녀 잉태설을 언급하기 위해 사용했다.

는 상상력에 대해 연구하는 현대의 학자들도 상상력을 그저 무의식 또는 잠재의식이라고 잘못 생각하기 때문입니다. 상상력의 탄생과 성장은 전통적으로 말하던 하느님에서 경험의 하느님으로 점차 변화되는 과정입니다. 만약 우리 안에서 그리스도가 너무 늦게 탄생한다고 생각한다면, 그것은 우리에게 너무 친숙하게 여겼던 전통적 개념을, 그것이 사실이 아닌데도 놓지 않으려 하기 때문입니다.

상상력이 종교의 제1원리로 알려질 때 **문자적 사실의 돌에서는, 신광야에서 모세가 지팡이로 내리친 반석[2]처럼 정신적 진실의 물이 솟구쳐 나와** 온 인류의 갈증을 해소시켜 줄 것입니다. 그리고 자신에게 주어진 컵을 들고 이 진실에 따라 삶을 사는 사람들 모두는, 마음속의 물을 용서의 포도주로 바꿀 수 있습니다. 그러면 그들은 착한 사마리안처럼 그렇게 바뀐 포도주를 모든 사람들의 상처 위에 부을 것입니다.

하느님의 아들은 역사에서 발견될 수 있는 존재도, 또는 어떤 외형적인 모습으로 발견될 수 있는 존재도 아닙니다. 그는 오직 상상력을 통해서만 찾을 수 있고, 인간이란 형태 속에서 그의 존

---

2. 출애굽기의 내용. 모세가 이스라엘 백성을 이끌고 신광야를 지났을 때 마실 물이 없었다. 모세가 기도하자 하느님은 모세에게 명하여 가지고 있던 지팡이로 반석을 내리치게 하니 그 돌에서 물이 솟구쳐 올라 백성들이 갈증을 해소할 수 있었다.

재를 나타냅니다.

그대의 가슴을 그리스도가 탄생할 여물통이 되게 하라! 하느님은 한 번 더 이 땅 위의 아이가 될 것이라!

우리는 하느님의 유일한 아들이 잠자는 정원입니다. 우리는 상상력을 고양시켜 천국까지 들어올려 상상력에게 신과 같은 위상을 입히면서 그를 깨웁니다. 최고 중에 최고만을 상상하는 것으로 우리는 그를 깨워야만 합니다.

상상의 삶을 깨우치는 순간에 있는 사람은 반드시 하느님의 자녀(Sonship)임을 증명하는 시험을 통과해야 합니다.

아버지여, 내 안에 있는 당신의 아들을 나타내소서.

어머니의 태로부터 나를 택정하시고 그의 은혜로 나를 부르신 이가 그의 아들을 이방에 전하기 위하여 그를 내 속에 나타내시기를 기뻐하셨다.

-갈라디아서 1:15, 16

하느님의 자녀임을 증명하는 최고의 시험은 바로 죄를 용서하는 것입니다. 다시 말해 여러분의 상상력이 그리스도, 곧 하느님의 아들이라는 것을 입증하는 시험은 죄를 용서하는 능력입니다. 여기서 죄란 삶의 목표를 상실하고 이상과는 어긋난 삶을 살면서 자신이 원하는 바를 이루지 못하는 것을 의미합니다. 반면에 용서란 자신을 자신의 이상 및 삶의 목적과 동일시하는 것, 즉 자신을 이미 이상이 이루어진 모습으로 보는 것을 의미합니다. 이는 깨어난 상상력(awakened imagination)이 있어야 가능한 궁극적인 일입니다. 왜냐하면 깨어난 상상력만이 자신의 외형적인 모습과는 다른 속성 속으로 들어가 그것과 같은 성질을 띨 수 있기 때문입니다.

약한 자가 '나는 강하다'라고 말하게 하라.
-요엘 3:10

이는 이성적으로는 불가능한 일입니다. 오직 깨어난 상상력만이 보이는 현상 너머의 반대편 본성으로 들어가서 그것과 같은 성질을 띨 수 있습니다.

그리스도를 인간의 상상력으로 보는 관점은 다음과 같은 근본적인 의문을 제기합니다. 내가 상상력을 통해 "나는 강하다"라고 생각한다면 그것은 정말 실행하는 힘이 있는 것일까? 만약 내가 다른 장소나 상황에 있기를 바란다고 가정할 때, 그런 상태나 장소에 있다고 상상하는 것만으로 실제로 그렇게 될 수 있을까? 여행을 가는 데 필요한 돈이 없고, 내가 처한 상황이나 재정 상태가 내가 원하는 바를 이룰 수 있게 할 만한 상황이 아닐 때, 그저 상상하는 것만으로 이런 소망을 실현할 수 있을까? 상상력은 이성적인 측면을 고려할까? (여기서 이성은 감각을 통해 관찰한 사실에서 비롯된 판단을 말합니다) 상상력은 사실로 이루어진 외부 세계를 인식할까? 상상력은 우리 일상의 삶에서 우리가 어떻게 행동해야 하는가를 알려주는 완벽한 지침이 될 수 있을까? 내가 계속해서 상상을 할 수 있다고 가정할 때, 다시 말해 원하는 바가 이루어졌다는 느낌을 꾸준히 간직한다고 가정할 때, 이러한 나의 가정이 현실로 굳어질 수 있을까? 만약 그렇다면 나의 가정이 사실로 굳어지는 기간 동안 내가 한 행동들은 이성적이었다고 생각할 수 있을까? 상상력은 나의 소망이 이루어진 느낌을 간직하게 해 줄 뿐 아니라 그 소망을 실현시켜 줄 수 있는 힘이 있을까? 내가 원하는 모습이 이미 되었다고 가정한 후 그 가정을 실현하기 위해서는 이성적인 판단과 행동을 꾸준히 해야 할까?

저는 경험을 통해 다음과 같은 사실을 확신할 수 있었습니다. **하나의 가정이 사실이 아닐지라도 계속 간직한다면 사실로 굳어질**

수 있습니다. 그리고 꾸준히 계속해서 상상하는 것만으로도 모든 것을 이룰 수 있습니다. 아무리 이성적으로 계획을 잘 세우고 행동을 할지라도 상상력의 부족함을 메꿀 수는 없습니다.

복음서의 가르침이 오직 믿음의 관점에서만 해석될 수 있고, 하느님의 아들이 계속 사람들에게서 믿음의 징조를 찾고 있다는 것, 다시 말해 자신의 상상력에 믿음을 갖고 있는지 살펴보고 있다는 것은 사실이 아닐까요?

무엇이든 기도하고 구하는 것은 받은 줄로 믿으라.
-마가복음 11: 24

위의 그리스도가 한 약속은 원하는 바를 상상하면 그렇게 될 것이라는 말과 같지 않은가요?

보이지 않는 것을 보이는 것 같이 하여 인내하였으며
-히브리서 11: 27

히브리서에 나오는 내용과 같이 모세가 고난을 견딘 것도 상상력 덕분이 아니었던가요?

진리의 세상을 만드는 것은 외적인 사실에 의해 결정되는 것이 아니라 상상을 얼마나 강렬하게 하는가에 달려있습니다. 우리가 처한 현실은 상상력을 올바르게 사용했는지, 아니면 잘못 사용했는지를 그대로 보여줍니다. 우리는 우리가 상상한 대로 됩니다. 우리 인생의 역사를 결정하는 것은 바로 우리자신입니다. 상상력이 곧 길이자 진실이며, 우리 눈에 나타나는 삶입니다. 감각에 매인 인간은 장미 꽃봉오리를 보지만 상상력은 장미가 활짝 핀 모습을 봅니다. 그림자가 빛을 에워쌀 수 없듯이, 현실도 진리의 세상을 에워쌀 수 없습니다.

우리가 상상의 삶에 눈뜨게 될 때 다음의 사실을 알게 됩니다. 무언가를 상상하면 그렇게 될 수 있다는 것, 그리고 진실한 판단은 외부 현실에 맞춰서 할 필요가 없다는 것입니다. 상상의 진리를 깨달은 사람은 눈에 보이는 감각적 외부 세계인 현실을 부정하지 않습니다. 단지 끊임없이 상상하는 내부 세계가 감각적인 외부 세계를 불러오는 힘이라는 것을 알고 있을 뿐입니다. 그는 외부 세계와 그곳에서 일어나는 모든 일이 상상의 내부 세계가 투영된 것으로 보며, 이 모든 것은 상상 속에서 일어나는 정신적 활동이 구현된 것으로 봅니다. 감각적이고 이성에 매여 있는 사람은 이 점을 알지 못합니다. 하지만 상상의 진리를 깨달은 사람은 모든 이가 내면의 활동을 반드시 인식해야 하고, 또한 원인이 되는 상상의 내면세계와 결과가 되는 감각적인 외부 세계와의 관계를 이해해야 한다는 사실을 알고 있습니다.

상상력을 통해 자신의 소망을 실현할 수 있다는 사실을 깨닫는 일은 정말 멋진 일이 아닐 수 없습니다. 이런 진리를 몰랐다면 계속 갇혀 있었을 뻔한 감옥에서 우리가 탈출할 수 있다는 사실을 깨닫는 일은 정말 멋진 일이 아닐 수 없습니다.

참인간(Real Man)은 위대한 **상상력**입니다. 깨어나야 할 대상은 바로 이 자아입니다.

잠자는 자여, 깨어서 죽은 자들 가운데서 일어나라. 그리스도께서 너에게 비추시리라.

-에베소서 5:14

자신의 상상력이 곧 그리스도라는 사실을 발견하는 순간, 3차원 세상에서는 오직 기적이라고 부를 수밖에 없는 일을 성취하게 됩니다. 하지만 그리스도가 자신의 상상력이라는 사실을 알기 전까지는 세상 만물을 마음속에 존재하는 주관적인 것으로 보지 못하고, 순전히 외부적인 것으로만 여깁니다.

너희가 나를 택한 것이 아니요, 내가 너희를 택하여 세웠나니

-요한복음 15:16

우리가 현실에서 부딪히는 모든 상황이 실은 자기 자신에게서 나왔다는 사실을 깨닫지 않고서는 "내가 내 삶의 환경을 선택했다는 것"과 "삶의 환경이 나의 정신적 활동과 밀접하게 연관되어 있다"는 주장에 반발합니다. 모든 현실은 우리 내부에서 생겨나는 것이지 결코 밖에서 생겨나는 것이 아니라는 사실을 굳게 믿어야 합니다.

다른 사람들도 육체가 있고 그들만의 삶이 있지만 그들의 현실은 여러분 안에 뿌리를 두고 있으며 여러분 안에서 끝을 맺습니다. 여러분의 현실이 하느님 안에서 끝을 맺듯이 말입니다.

Chapter 2

Sealed Instructions
비밀의 가르침

영혼의 세계에 들어서는 순간 가장 먼저 마주하는 힘은 상상력이다.

-프란츠 하츠만 박사(Dr. Franz Hartmann)

제가 처음으로 상상의 힘과 성질에 대해서, 그리고 그것의 구원작용에 대해서 알게 된 것은 제 친구 압둘라의 가르침 덕택이었습니다. 그리고 그 후에 일어난 많은 경험을 통해 예수 그리스도는 상상력이 우리에게 오고 있음을 나타내는 상징이고, 그가 우리 안에서 탄생했음을 알 수 있는 잣대는 우리가 죄를 용서할 수 있는 능력, 다시 말해 자신이나 다른 사람을 인생 목적과 동일시하는 능력을 갖추고 있는지의 여부입니다. 즉, 나와 타인 모두를 자신들의 이상이 실현된 모습으로 보고 있는지의 여부에 달렸습니다.

내가 추구하는 인생의 목적과 나 자신을 동일시하지 않고는, 다시 말해 내가 이미 나의 이상적인 모습이 되었다는 것을 받아들이지 않는다면 죄를 용서할 수 없습니다. 용서란, 오직 하느님의 아들(상상력)만이 할 수 있는 일입니다. 그러므로 이성과 감각은 거부할지라도 상상의 눈을 통해 자기 자신을 인생에서 목표하는 모습과 동일시할 수 있다면 그리스도가 그 사람 안에서 탄생했다는 증거가 됩니다. 그저 겉으로 보이는 현상과, 현실이 보여주는 증거 앞에 굴복하고 무릎을 꿇는 것은 그리스도가 아직 자신 안에서 탄생하지 않았다는 사실을 고백하는 셈입니다.

처음엔 저도 이런 가르침에 충격을 받고 받아들이지 못했습니다. 왜냐하면 그 당시 저는 독실한 기독교인이었고, 기독교는 단순히 모태신앙으로 전수되는 것이라 생각했기 때문입니다. 그래서 성경의 가르침을 삶의 한 방식으로 받아들여야 한다는 압둘라의 가르침은 충격적이었습니다. 그러나 그 후에 저는 비전과 신비적인 계시를 통해, 그리고 실제 경험을 통해 위의 가르침을 이해할 수 있었고, 좀 더 깊은 의미를 깨달을 수 있었습니다. 그렇지만 이 시기는 우리가 항상 당연하다고 느꼈던 것들이 흔들리고 무너져 내리는 시련의 순간임을 고백하고 싶습니다.

예수께서 이르시되 네가 이 큰 건물들을 보느냐? 돌 하나도 돌 위에 남지 않고 다 무너뜨려지리라 하시니라.

-마가복음 13: 2

  정신적 진실의 물을 마신 후에는 문자적 현실의 돌은 하나도 남지 않을 것입니다. 그동안 자연종교와 합리주의 종교에 의해 세워진 것들 모두는 정신의 불길 속으로 던져집니다. 복음서의 주인공을 인간의 상상력으로 보는 것보다 예수 그리스도를 더 잘 이해할 수 있는 방법은 없을 것입니다. 여러분이 다른 이를 위해 상상력을 이용할 때마다 실제적으로 하느님과 그 사람과의 만남을 중재하는 것이고, 예수 그리스도를 먹이고 입히는 일을 하는 것입니다. 한편 다른 이에게 해를 끼치는데 상상력을 이용하는 것은 말 그대로 예수 그리스도를 때리고 십자기에 못 박게 하는 행동입니다. 인간의 모든 상상력은 그리스도의 갈라진 입술을 적셔줄 시원한 물잔이 되거나 아니면 식초를 묻힌 스폰지가 됩니다.

  이스라엘의 예언자 스가랴는 이렇게 말했습니다.

마음에 서로 해하기를 도모하지 말라.

-스가랴 8:17

 우리가 이 조언에 귀 기울일 때 아담이 스스로 청한 잠에서 깨어나 하느님 아들의 완전한 의식 속으로 들어갈 것입니다. 그리스도는 이 세상에 존재하며, 이 세상은 그에 의해 만들어졌습니다. 그러나 세상 사람들은 그리스도가 인간의 상상력이라는 것을 알지 못합니다. 저는 몇 번이고 스스로에게 물었습니다.

 "만약 나의 상상력이 예수 그리스도이고, 그에게 불가능이 없다면 나에게도 불가능이 없다는 뜻일까?"

 경험을 통해서 저는 제 자신을 인생에서 목표한 모습과 동일시할 때, 다시 말해 저를 제가 소망하는 것을 실현한 모습으로 받아들였을 때 그리스도가 제 안에서 깨어난다는 것을 알게 되었습니다.

 그리스도는 모든 것을 가능하게 합니다.

내가 내 목숨을 버리는 것은 그것을 내가 다시 얻기 위함이니 이로 말미암아 아버지께서 나를 사랑하시느니라. 이를 내게서 빼앗는 자가 있는 것이 아니라 내가 스스로 버리노라.

-요한복음 10:17, 18

내가 경험하는 모든 것이 내 믿음의 산물이라는 사실, 내가 이 거미줄 같이 얽히고설킨 환경의 중심이라는 사실, 그리고 내가 변하면 외부 세계도 변한다는 사실, 이것들을 안다는 것은 참으로 다행한 일입니다.

우리의 의식 상태가 달라지면 외부 세계도 그 변화를 드러냅니다. 우리가 어떤 상태(state)와 동일시되었을 때 볼 수 있는 것들은, 그 상태와 분리된다면 사라지고 맙니다. 여기서 말하는 상태란 우리가 믿고 사실이라고 인정하는 모든 것을 뜻합니다. 마음속에 떠오른 어떤 생각도 마음이 그것을 받아들이지 않는 한, 실현되지 않습니다. 오직 우리가 그 상태와 동일시되었다는 사실을 받아들일 때 이루어집니다. 상상력과 상태가 결합될 때 눈에 보이는 세상이 만들어집니다. 따라서 세상은 상상력과 결합된 상태가 현실로 드러난 것입니다. 우리가 살고 있는 이 객관적인 세상을 결정하는 것도 바로 이 상태입니다.

부유한 사람, 가난한 사람, 착한 사람, 도둑은 각자의 상상력이 머무른 상태 때문에 그런 모습이 된 것이고, 그들은 또 그 각각의 상태에서 세상을 바라봅니다. 그들이 머물고 있는 서로 다른 상태가 그들의 서로 다른 세상을 만들어냅니다. 똑같은 하나의 세상 안에서 우리는 각자가 만들어낸 다른 세상에서 살고 있습니다. 착한 사람의 현재 모습은 그의 외부적인 행동과 활동이 만들어낸 결과가 아니라 그의 내면의 마음상태가 만들어낸 결과입니다. 내면의 상태가 변화되지 않는 한 외적인 변화는 아무런 의미가 없습니다. 성공은 성공한 사람들의 외적인 행동을 모방해서 얻을 수 있는 것이 아니라 올바른 내면의 행동과 대화를 통해서 가능한 것입니다.

만일 우리가 상태로부터 분리된다면, 또 언제든지 그렇게 할 수 있다면 그 상태와 함께 나타났던 상황과 환경은 사라질 것입니다.

1933년 어느 가을날, 저는 한 가지 문제를 들고 뉴욕시에 있는 압둘라를 찾아갔습니다. 그는 제게 간단한 질문 하나를 던졌습니다.

"자네가 원하는 것은 무엇인가?"

저는 그에게 바베이도스에서 겨울을 보내고 싶지만 현재 빈털터리 형편이라고 말했습니다. 그 당시 저는 말 그대로 동전 한 푼 없었습니다.

"만약 자네가 막연히 바베이도스를 생각하는 것이 아니라 자네가 이미 그곳에 있다고 상상하고, 그러한 의식 상태에서 생각하고 세상을 바라본다면 그곳에서 겨울을 보낼 수 있을 것이네. 그곳에 갈 수 있는 방법이나 수단을 걱정해서는 결코 안 되네. 왜냐하면 상상에 푹 빠져서 이미 바베이도스에 가 있다고 느끼는 의식 상태가 그것을 실현하기 위한 최선의 방법을 동원할 것이기 때문이지."

인류는 지금의 모습과는 다른 모습이 되기 위해 눈에 보이지 않는 상태에 자신을 맡기면서, 다시 말해 자신의 상상력을 자신이 알고 있는 것과 하나로 결합시켜가며 살아갑니다. 그 결과 상상력이 결합한 상태를 결과로서 경험하게 됩니다. 오직 사물 본연의 생명이 존재하는 그 상태로부터 분리될 때를 제외하곤, 그 누구도 자신이 가진 것을 잃을 수는 없습니다. 압둘라는 이렇게 말했습니다.

"자네의 소망이 이미 이루어진 상태에 있다고 상상해보게. 바베이도스에서 바깥풍경을 바라본다고 상상하며 잠에 빠져들게나."

우리는 세상을 우리자신과 연관 지어서 묘사합니다. 상상력은 우리가 바라는 상태와 우리를 연결해줍니다. 하지만 우리는 상상력을 능수능란하게 사용할 줄 모릅니다. 우리는 그것을 배워야만 합니다. 그저 결말을 생각하는 구경꾼이 아니라 결말의 관점에서 생각할 수 있는 참여자가 되어야 합니다. 즉, 상상을 통해 이미 그곳에 있어야 합니다. 만약 우리가 이렇게 할 수 있다면 마음속에서 경험한 세상은 객관적인 현실로 나타날 것입니다.

압둘라는 이것을 그저 공상이 아니라고 말했습니다. 경험으로 증명할 수 있는 진실이라고 했습니다.

이미 자신의 소망이 이루어진 상태에 들어가는 것이 바로 결말의 관점에서 생각하는 그의 비결이었습니다. 어떤 상태에 대해 생각만 할 때 그 상태는 단순히 가능성으로만 존재합니다. 하지만 그 상태의 관점에서 생각하게 될 때 놀랍게도 그것은 현실이 됩니다. 결말의 관점에서 생각하는 것, 이것이 바로 그리스도의 방법입니다.

그래서 저는 생각을 고쳐먹기로 했습니다. 감각의 한계와 현재의 상태가 머물렀던 수준에서 벗어나 이미 제가 바베이도스에 있고 그곳에서 주변 풍경을 바라보고 있다고 상상하기 시작했습니다.

압둘라는 잠에 빠지는 순간, 어떤 상태에서 어떻게 세상을 바라보고 있는지가 중요하다고 말했습니다. 모든 세기의 예언자들 역시, 꿈꾸는 시간이 신의 목소리를 들을 수 있는 때라고 말했습니다.

사람이 침상에서 졸며 깊이 잠들 때에나 꿈에나 밤에 환상을 볼 때에 그가 사람의 귀를 여시고 경고로써 두렵게 하시니

  —욥기 33:15,16

그날 밤을 시작으로 저는 바베이도스에 있는 아버지의 집에 머물고 있다고 상상하면서 잠에 들었습니다. 그로부터 한 달도 채 안 돼 형으로부터 편지 한 통을 받았습니다. 형은 편지에서 이번 크리스마스에 가족들이 다 같이 모였으면 좋겠다고 하면서 제가 바베이도스로 오는 데 필요한 증기선 티켓을 동봉했습니다. 형의 편지를 받은 지 이틀 후, 저는 배를 탔고, 바베이도스에서 멋진 겨울을 보냈습니다.

이 경험을 통해 저는 꾸준히 상상하고 결말의 관점에서 생각하면 원하는 어떤 것도 이룰 수 있다는 사실을 확신하게 되었습니다. 그리고 더 이상 외부적인 환경을 탓할 수 없다는 점과, 좋은 일이든 나쁜 일이든 모두 나 때문에 생겨난다는 점을 깨달았습니다. 이 모든 것이 내가 어떤 상태에서 어떤 식으로 세상을 바라보는가에 달려있습니다.

선택의 자유를 가진 인간은 비록 현명하지 못한 선택일지 몰라도 자신이 선택한 관념에 따라 행동합니다. 우리가 마음에 품을 수 있는 상태 모두는 우리가 선택해서 차지하기를 기다리고 있습니다. 하지만 우리가 아무리 이성적인 의지를 많이 사용하더라도 그것만으로는 그 의식 상태(우리가 가질 만한 가치를 지닌 유일한 것)를 가져올 수는 없습니다.

상상속의 이미지는 우리가 찾아야할 유일한 것입니다.

상상의 궁극적인 목표는 우리 안에서 그리스도의 영혼을 창조하는 일이고, 이는 계속해서 죄를 용서하고, 계속해서 자신을 자신의 이상과 동일시함을 말합니다. 자신을 인생의 목적과 동일시할 때만이, 즉 자신이 이미 자신의 이상을 실현한 모습으로 여길 때만이 이제껏 그러지 못한 잘못에 대해 스스로를 용서할 수 있는 길입니다. 그 외의 노력은 헛됩니다. 상상력을 이용하여 가고자 하는 장소가 어디이든, 이루고자 하는 상태가 무엇이든, 우리의 상상력이 그곳에 머물고 그 상태가 된다면 우리의 육체도 중력에 이끌리듯, 그곳의 그 모습이 될 것입니다.

내 아버지 집에 거할 곳이 많도다. 그러지 않으면 너희에게 일렀으리라. 내가 너희를 위하여 거처를 예비하러 가노니, 가서 너희를 위하여 거처를 예비하면 내가 다시 와서 너희를 내게로 영접하여 나 있는 곳에 너희도 있게 하리라.

-요한복음 14:2,3

저는 실제로 아버지의 집에서 자는 것처럼 상상함으로써 상상력과 상태를 결합시켰습니다. 그 결과 저는 현실에서 그 상태를 직접 경험할 수 있었습니다.

그 상태가 너무도 생생했기 때문에 제가 상상 속에 자고 있던 방에 누군가 들어섰다면 저를 볼 수도 있었을 것입니다. 어떤 사람이 상상 속에서 어떤 장소에 있다면 다른 사람의 눈에도 보일 수 있습니다. 왜냐하면 그 사람은 상상력이 머무는 곳에 반드시 있어야 하고, 상상력이 곧 그 사람이기 때문입니다. 저는 경험을 통해 이 사실을 알게 되었습니다. 실제로 저는 수백 킬로미터나 떨어져 있었지만, 제 모습을 보여주고 싶었던 몇몇 사람들에게 저를 나타낸 적이 있습니다.

저는 강력한 상상을 통해, 또한 그저 바베이도스를 생각한 것이 아니라 실제로 바베이도스에 있다고 느끼고 마음속에서 영상을 떠올렸기 때문에 그 마음이 광대한 대서양을 건너 형에게까지 전달되어 형이 크리스마스 가족 모임에 제가 오기를 바라도록 만든 것입니다. 소망이 이루어진 상태를 느끼고 결말의 관점에서 생각했을 때 원인으로 작용하는 모든 상황이 생겨났습니다. 형이 증기선 티켓을 제게 보내고 싶은 마음이 들게 한 것처럼 말입니다. 또한 결과로서 나타나는 모든 상황의 원인도 생겨났습니다.

W.B. 예이츠의 평론인 〈선악의 관념 Ideas of Good and Evil〉에서 제 경우와 비슷한 경험이 몇 가지 적혀있습니다.

이와 같은 사건들을 묘사한 사람들이 꿈을 꾸지 않았다면 우리는 역사를 다시 써야 할 것이다. 왜냐하면 사람들, 특히 상상력이 풍

부한 사람들은 모두 마법, 유혹, 환상을 영원히 뿜어낼 것이고, 사람들, 특히 자기중심적인 삶을 살지 않는 조용한 사람들은 계속해서 상상력이 풍부한 사람들의 지배 아래 놓일 것이기 때문이다.

우리가 확고한 마음을 갖고 상상력을 이용할 때, 다시 말해 결말의 관점에서 생각할 때 모든 기적을 불러올 수 있습니다. 저는 여러분에게 기적에 대해 무한한 믿음을 심어주고 싶지만 기적이란 단어는 상상의 힘과 역할에 대해 무지한 사람들이 상상력의 결과물을 보고 붙인 이름일 뿐입니다. 소망이 이루어진 느낌 속으로 자신을 상상하는 것은 새로운 상태가 현실의 문으로 들어오게 하는 방법입니다. 이것은 상태에 현존성(is-ness)이라는 특성을 부여합니다.

헤르메스는 다음과 같이 말합니다.

현재에 존재하는 것은 드러난 것이고, 과거에 존재했거나 미래에 존재할 것은 드러나지 않았지만 죽은 것도 아니다. 신의 영원한 활동인 영혼이 모든 것에 생명을 불어넣는다.

지혜롭고 의식적으로 환경을 창조하려는 사람이라면 상상 속에서 미래를 현재로 만들어야만 합니다. 결말을 생각하는 대신 결말의 관점에서 생각함으로써 비전을 실재(Being)로 바꾸어야 합니다. 상상을 통해서 어떤 상태에 집중하고 그 상태에서 세상을 바라봐야 합니다. 결말의 관점에서 생각한다는 것은 소망이 이루어진 세상을 강하게 인식하고 있다는 것입니다. 소망이 이루어진 상태의 관점에서 생각하는 것이 바로 창조적인 삶입니다.

결말의 관점에서 생각하는 능력을 모른다는 것은 속박을 뜻합니다. 우리가 매여 있는 모든 속박의 밑바탕에는 그 무지가 있습니다. 감각이 보여주는 증거에 수동적으로 이끌려가는 것은 내적 자아(Inner Self)의 힘을 과소평가하는 것입니다. 일단 결말로부터 생각하는 것을 자신이 행사할 수 있는 창조의 원리로 받아들이면 결말을 생각하는 것을 통해 목적을 달성하려는 어리석음에서 벗어날 수 있습니다.

모든 목표들을 소망이 이루어진 모습으로 만드십시오.

삶은 단지 갈망을 채워주는 과정일 뿐이며, 한 인간이 세상을 바라볼 수 있는 끝없이 많은 의식의 상태들은 그 갈망을 채우는 수단입니다. 그 상태들 각각 모두가 세워진 원리의 기저에는 자기만족에 대한 욕망을 계속해서 더 높은 수준의 세계까지 고양시키고자 하는 갈망이 자리 잡고 있습니다. 욕망은 정신이라는 기계를 돌리는 엔진입니다. 그것은 축복입니다. 욕망은 그것을 정상적이고 자연스럽게 이루게 해 줄 의식의 상태를 지닌 지극히 정상적이고 자연스러운 외침입니다.

내가 하는 한 가지는, 뒤에 놓인 것들을 놓고, 앞에 있는 것을 향해 손을 뻗으면서 목적을 향해 맹렬히 달려가는 것이더라.
-빌립보서 3:13,14

인생의 목적을 가지는 것은 중요합니다. 목적이 없는 삶은 우리를 방황하게 만듭니다. "내게 원하는 바가 무엇이냐?"는 질문은 복음서의 주인공인 예수 그리스도가 가장 많이 던진 질문입니다. 여러분의 목적을 뚜렷하게 만들 때, 여러분은 그것을 원해야만 합니다.

하느님이여, 사슴이 시냇물을 찾기에 갈급함 같이 내 영혼이 주를 찾기에 갈급하나이다.
-시편 42:1

이런 삶에 대한 열정적인 방향성이 부족하다면 우리는 원하는 바를 이루지 못합니다.

소망과 만족, 즉 결말을 생각하는 것과 결말의 관점에서 생각하는 것 사이에 다리를 잇는 일이 가장 중요합니다. 결말을 생각하는 대신 결말의 관점에서 생각해야 합니다. 이는 이성으로는 가능하지 않습니다. 상상력으로만 가능합니다. 이성은 본성적으로 감각이 보여주는 증거에 제약을 받는 반면, 상상력에는 그러한 제약이 없기 때문입니다. **소망이 존재하는 이유는 상상의 활동으로 충족되기 위해서입니다.** 우리는 상상을 통해 감각이 한계지은 것과 이성이 속박한 것으로부터 벗어납니다.

결말의 관점에서 생각할 수 있는 사람을 멈추게 할 방법은 없습니다. 어떤 것도 그를 막을 수 없습니다. 그는 방법을 창조해내고 점차 한계에서 벗어나 주의 거대한 저택으로 들어갑니다. 그의 과거와 현재의 모습은 중요하지 않습니다. 중요한 것은 그가 무엇을 원하는 지입니다. 그는 세상이란 것이 자신 내면의 활동이 외부로 나타난 것임을 알기 때문에 생각이 시작되는 결말을 결정하고 통제하려고 애를 씁니다. 상상 속에서 그는 이미 결말에 머물기 때문에 실제로도 그곳에 머물 것임을 확신합니다. 그는 소망이 이루어진 느낌을 온전히 믿고 그 상태에 자신을 내맡깁니다. 그러면 행운의 기술(art of fortune)이 그가 그렇게 하도록 마음을 움직입니다. 그는 베데스다 연못가의 병자[3] 처럼 상상 속에서 연못이 흔들릴 때 뛰어 들어갈 준비가 되어있습니다. 결말

---

3. 요한복음 5장에 나오는 이야기. 전설에 의하면 매년 특정한 시기가 되면 천사가 내려와 베데스다 연못을 건드리는데, 그때 연못 안으로 들어간 사람은 반드시 치유된다고 한다. 예수가 베데스다 연못가에서 38년째 움직이지 못하고 누워 있던 병자에게, '낫기를 바라면 자리를 들고 걸어라'고 말씀하시자 그는 그 자리에서 일어나 걸었다.

의 관점에서 생각하는 그에게는 **모든 소망이 익은 곡식임을** 잘 알기에 이성적인 가능성을 따지지 않습니다. 대신 꾸준한 상상을 통해 자신의 생각이 단단한 현실로 굳어질 것임을 확신합니다.

그러나 결말의 관점에서 생각하는 것이 오직 진실된 삶이고, 그렇게 생각하고 행동해야 한다는 사실을 어떻게 세상 모든 사람들에게 설득할 수 있을까? 또한 그것이 자신의 삶에 실망한 사람들을 위로하는 방법이 아니라 충만한 삶 그 자체라는 사실을 어떻게 전할 수 있을까? 이것이 저에 주어진 문제입니다.

여러분은 여러분의 삶을 통제할 수 있습니다. 여러분이 하느님의 아들임을 깨닫고, 여러분이 세상을 바라보고 생각하고 있는 의식의 상태에 따라 그런 존재가 된다는 것을 깨닫는다면, 여러분은 원하는 것을 경험할 수 있습니다.

아버지께서 이르되, 얘 너는 항상 나와 함께 있으니 내 것이 다 네 것이로되

—누가복음 15: 31

Chapter 3.

Highways of the Inner World
내부 세계의 고속도로

그 아들들이 그의 태 속에서 서로 싸우는지라. 그가 이르되 이럴 경우에는 내가 어찌할까 하고 가서 여호와께 물으니, 여호와께서 그에게 이르시되 두 국민이 네 태중에 있구나, 두 민족이 네 복중에서부터 나누이리라. 이 족속이 저 족속보다 강하겠고 큰 자가 어린 자를 섬기리라.

-창세기 25: 22, 23

이중성(duality)은 생명에 내재되어 있는 속성입니다. 존재하는 모든 것은 이중적인 면모를 지니고 있습니다. 우리 역시도 본성상 서로 상반되는 속성을 가지고 있는 이중적인 존재입니다. 그것은 우리 마음 안에서 싸움을 일으키고 반대편의 것에게 대립적인 자세를 드러냅니다. 이러한 갈등은 영원히 지속되는 상황이고, 천국의 전쟁이며, 상상력을 지닌 어린 자 또는 속사람(내부인 간이라고도 한다. 인간의 상상력을 뜻한다)이 감각을 지닌 큰 자 또는 겉사람(외부인간이라고도 한다. 인간의 감각과 이성을 뜻한다)을 이기기 위해 끝없이 벌이는 투쟁입니다.

먼저 된 자로서 나중 되고 나중 된 자로서 먼저 될 자가 많으니라.
-마태복음 19:30

곧 내 뒤에 오시는 그이라.
-요한복음 1:27

둘째 사람은 하늘에서 나셨느니라.
-고린도전서 15:47

우리는 우리 안에 또 다른 존재가 존재한다는 것을 느끼는 순간 상상의 삶에 눈을 뜨기 시작합니다.

여호와께서 그에게 이르시되 두 국민이 네 태중에 있구나. 두 민족이 네 복중에서부터 나누이리라. 이 족속이 저 족속보다 강하겠고 큰 자가 어린 자를 섬기리라 하셨더라.

-창세기 25: 23

모든 사람의 생각이나 가치관은 두 가지 다른 중심으로 이루어져 있습니다. 성경은 이 두 가지 중 하나는 육적이고, 다른 하나는 영적이라고 말하고 있습니다.

육에 속한 사람은 하느님의 성령의 일들을 받지 아니하나니 이는 그것들이 그에게는 어리석게 보임이요, 또 그는 그것들을 알 수도 없나니 그러한 일은 영적으로만 알 수 있기 때문이라.

-고린도전서 2:14

한 인간의 겉사람이 이 현실 세계에서 실재인 것처럼, 한 인간의 속사람 역시도 마음의 세계 안에서 실재입니다. 하지만 속사람은 현실의 보다 근원적인 부분을 표현합니다. 우리는 의식적으로 속사람을 다루면서 그것을 조절해야만 합니다. 속사람이 하는 생각과 느낌의 내부 세계는 구조도 갖춰져 있고 좀 더 고차원의 공간에 속합니다.

두 가지 종류의 행동이 있는데, 하나는 속사람의 행동이고, 다른 하나는 겉사람의 행동입니다. 속사람의 행동은 원인이 되고, 겉사람의 행동은 그 원인에 의해 강제됩니다. 속사람의 행동은 자신과 연결된 겉사람의 행동을 결정하는데, 겉사람의 행동을 자신의 행동과 비슷하게 만듭니다. 속사람의 행동은 모든 사건이 일어나게 하는 힘입니다. 겉사람의 움직임은 속사람의 움직임에 의해 생긴 충동에 종속적입니다.

소망을 이루었을 때 겉사람이 취하게 될 행동이 속사람의 행동과 일치할 때 소망은 이루어집니다.

자신의 소망이 이루어지는 드라마를 머릿속에서 구상한 후에, 상상 속에서 그 행동을 취해야 합니다. 외적인 육체의 자아는 움직이지 못하게 하십시오. 마치 낮잠을 자는 것 같이 느끼십시오. 그리고 미리 구상해 놓은 행동을 상상 속에서 그대로 실행에 옮기십시오. 제일 먼저 해야 할 일은 그 행동을 아주 생생하게 시각화하는 것입니다. 그런 다음 잠에 들면서 의식적으로 자신이 그 장면 안에 있다고 상상하십시오. 얼마나 오래 자는가는 중요하지 않습니다. 짧은 낮잠이라도 충분합니다. 하지만 그 행동을 생생하게 상상하면서 잠에 들면 상상이 사실로 굳어집니다.

처음엔 생각들이 마치 양치기가 없이 이리저리 돌아다니는 양 떼처럼 느껴질 수 있습니다. 절대 좌절하지 마십시오. 집중력이 자꾸 흐트러지더라도 몇 번이고 다시 예정된 코스로 돌아오십시오. 그러다 보면 생각들도 지쳐서 나중엔 정해진 길을 따르게 될 것입니다. 내면의 여행일지라도 절대 방향을 잃어서는 안 됩니다. 내면의 여정을 떠난다는 것은, 여러분이 그 길을 떠나기 전에 계획했던 것을 마음으로 상상하는 것입니다. 여러분이 이미 보았고 받아들였던 여러분이 선망하던 것을 선택하십시오.

〈도원경으로 가는 길The Road to Xanadu〉에서 존 리빙스턴 로우스 교수는 이렇게 말했습니다.

나는 오랫동안 어떤 느낌이 있었는데 이번 연구로 확신을 갖게 되었다. 그것은 바로 공상과 상상은 서로 다른 힘이 아니라 하나라는 것이다. 이 두 가지의 차이점은 그들이 다루는 재료에 있는 것이 아니라 작용하는 힘의 강도에 있다. 강렬하게 작용할 때 상상의 에너지는 동화시키고 변형시킨다. 그 힘이 낮게 조율된다면 강할 때는 하나로 통합시키던 그것이, 그저 함께 모으는 데에 그친다.

공상은 모으고, 상상은 동화되어 변형시킵니다. 이런 이론을 실제로 적용한 사례가 하나 있습니다. 1년 전 일입니다. 샌프란시스코에 사는 한 시각장애인 소녀는 버스 노선이 새로 바뀌는 바람에 문제가 생겼습니다. 이제 소녀는 집에서 사무실까지 가는 데 버스를 세 번이나 갈아타야 했습니다. 원래 15분이면 가능한 거리가 2시간 15분으로 대폭 늘어났습니다. 소녀는 이 문제에 대해 진지하게 고민하다가 자동차가 필요하다는 결론을 내렸습니다. 자신은 자동차를 운전할 수 없지만 누군가가 자신을 태우고 운전해줄 것이라고 믿었습니다. **외적인 육체의 자아가 소망을 이루기 위해 반드시 취해야 할 행동이 내적 자아의 행동과 일치할 때 소망이 실현된다**는 이론을 시험하기 위해 소녀는 혼잣말로 중얼거렸습니다. "여기 앉아서 누군가 나를 사무실까지 운전해서 데려다 줄 것이라고 상상해야지."

소녀는 거실에 앉아 자신이 차에 앉아 있는 모습을 상상합니다. 차가 움직이는 진동을 느낍니다. 기름 냄새를 맡으며 차의 움직임도 느끼며 운전사의 소매도 만지고 운전사가 남자인 것도 확인합니다. 차가 멈추자 소녀는 운전사에게 정말 고맙다고 인사합니다. 그러자 운전사도 소녀에게, 오히려 자신이 더 기쁘다고 대답합니다. 그런 다음 소녀는 차에서 내렸고, 이내 차문이 닫히는 소리를 듣습니다.

소녀는 상상 속의 차 안에서 도시 풍경을 바라보고 차 안에 있다는 느낌에 집중했습니다. 단순히 차를 탄 것을 생각한 것이 아니라 차를 타고 있다는 관점에서 생각하고 그 느낌이 어떨까 상상했습니다. 이처럼 상상 속이지만 차를 타는 경험을 통제하고 목적을 부여함으로써 소녀는 상상의 힘을 최대한 이용했습니다. 소녀는 목적이 있는 내면의 행동에는 응집력이 있다는 것을 알고 있었기 때문에 목적을 뚜렷하게 만들었습니다. 이러한 정신적인 여정에서는 소망이 성취된 느낌을 계속해서 유지해야 합니다. 기대와 소망은 서로 강력하게 연결되어 있기에 정신적 상태는 어느 순간 물질적인 활동으로 나아갑니다.

내적 자아는 느낌이 힘을 실어줄 때 정확히 예정된 코스를 따라 움직입니다. 그리고 가장 먼저 내적 자아가 열정의 불을 지펴야 하는데, 어떤 훌륭한 일이나 개인적인 이익을 생각할 때 그 불이 가장 잘 타오를 수 있습니다. 우리는 그 활동을 즐기면서 해야만 합니다.

소녀는 이틀 연속으로 상상 속에서 차를 타면서 실제인 것처럼 생생하게 느끼고 즐거워했습니다. 두 번째 상상을 마치고 몇 시간 뒤 소녀의 친구가 석간신문에 나온 기사를 말해주었습니다. 시각장애인을 돕는 일에 관심을 갖고 있는 한 남자의 이야기였습니다. 소녀는 그에게 전화를 걸어 자신의 문제를 이야기했습니다. 그 남자는 자신의 친구인 술집주인에게 소녀의 이야기를 들려주고 싶은 마음에 바로 다음날 집에 돌아가던 중 잠시 술집에 들렀습니다. 술집 주인은 그 이야기를 듣고 난 후 소녀를 매일 집까지 태워다 주겠다고 제안했습니다. 그러자 소녀의 이야기를 전한 남자는 이렇게 말했습니다. "네가 그 아이를 집까지 태워주면 나는 직장까지 태워줘야겠군."

이 대화가 오고 간 날 이후로 두 남자는 1년이 넘게 소녀를 매일 집과 직장까지 태워다 주었습니다. 지금 소녀는 버스를 세 번 갈아타느라고 2시간 15분을 허비하는 대신 15분도 채 안 돼, 출근을 하고 있습니다. 차를 타고 출근하는 첫날, 소녀는 착한 사마리아인인 남자 쪽으로 고개를 돌려 이렇게 말했습니다. "정말 고맙습니다." 그러자 남자는 이렇게 대답했습니다. "오히려 제가 더 기쁜 걸요."

소녀의 상상 속에 존재하는 대상은 실재였고, 그것은 결국 물리적인 외부 세계에 나타났습니다. 그 상황에서 목표에 생명력을 불어넣는 원리는 바로 상상 속에서 차를 타는 것이었습니다. 소녀가 마음세상에서 이미 차를 탄 사실을 몰랐던 사람들에게는 그녀의 소망이 이뤄졌다는 것이 참으로 기적처럼 보였을 것입니다. 소녀는 도시의 모든 요소요소들이 현실의 그것과 비슷한 모습을 띨 정도로 명확한 상상력을 지닌 채, 상상 속의 차를 타면서 세상을 바라보았습니다. 이러한 내적인 행동은 이에 부합되는 외적인 행동을 낳았습니다. 이것은 모든 물질적인 환경의 배후에 작용하는 법칙입니다. 상상하기(bilocation, 지금 이곳이 아닌 다른 곳에 내가 존재하기)를 연습하는 사람은 집중과 침묵이라는 비상한 힘을 개발하게 되면서 **차원적으로 보다 더 커다란 내면의 세상**에서 깨어나게 됩니다. 소녀는 자신의 소망이 이루어졌다는 느낌 속에서 도시를 바라봄으로써 원하는 상태와 일치되었고, 깨어나지 못한 사람들은 하느님에게 요구만 하는 것을 그녀는 당연하게 받아들임으로써 마침내 소망을 이루었습니다.

소망을 이루기 위해서는 상상 속에서 행동을 취해야 합니다. 감각기관으로 보고 느끼는 증거와는 상관없이 소망이 이루어졌다고 생각하고 그 상상 안에서 행동을 취해야 합니다. 소망이 충족되었을 때 외적 자아가 취하게 될 행동과 내적 자아의 행동이 일치할 때 그 소망은 실현될 것입니다.

눈에 보이는 모든 대상의 움직임은 육체 밖의 것(things)이 아니라 육체 안의 것에 의해 비롯되었고, 그것은 **안에서 밖으로** 작용합니다. 여행은 우리 안에서 일어납니다. 우리는 내부 세계의 고속도로를 따라 여행합니다. 내적인 행동이 없으면 어떤 것도 불러낼 수 없습니다. 내적 행동이란 내면에 들어온 감각입니다. 여러분이 이미 목표를 실현했음을 보여주는 드라마를 마음속에서 구상하려고 한다면 두 눈을 감고 생각을 내부로 향하게 하십시오. 미리 정해놓은 행동을 취하는 데 상상을 집중하면서 그 행동에 직접 참여하십시오. 그렇게 할 때 여러분은 스스로 결정한

(self-determined) 존재가 될 것입니다.

내면에서 이루어진 행동은 그것의 모습에 맞춰서 세상 모든 것에게 명령을 내립니다. 한번 시도해보고 마음속에서 바란 이상이 실현되는지 보십시오. 이러한 실험과정을 통해서만이 자신의 잠재능력을 깨달을 수 있습니다. 창조의 원리는 이런 방식을 통해 현실로 나타납니다.

여러분이 목적 있는 삶을 살고 있는지는, 내면세계에서 움직임을 만들고 경험하게 해 줄 정도의 인식의 힘과 민감함을 지닌 채, 상상력을 욕망이 성취된 행동과 감정에 집중시키고 있는지를 살펴보면 됩니다.

생각은 우리가 느껴서 그것이 내적 행동을 깨울 때만이 작용합니다. 내적 움직임은 주체적으로 동기를 부여하는 것이고, 외적 움직임은 그 내적 움직임에 의해 강제적으로 일어납니다.

너희 발바닥으로 밟는 곳은 모두 내가 너희에게 주었노니
-여호수아 1:3

기억하십시오.

너의 하느님 여호와가 너의 가운데에 계시니 그는 구원을 베푸실 전능자시라.

-스바냐 3:17

라는 사실을요.

Chapter 4

The Pruning Shears of Revision
교정용 가지치기 가위

둘째 사람은 하늘에서 나셨느니라.
 -고린도전서 15:47

그는 결코 애벌레라고 말하지 않을 것이다. 대신 프루, 우리 양배추에는 (앞으로 그렇게 될)나비가 많아, 라고 말할 것이다. 그는 겨울이다, 라고 말하지 않을 것이다. 대신 여름이 잠자고 있다, 라고 말할 것이다. 체스터가 꽃이 피기 시작했다, 라고 말하지 못할 만큼 작거나 칙칙한 색깔의 꽃봉오리는 없다.
 -메리 웹(Mary Webb), 〈프리셔스 베인Precious Bane〉

무엇을 고치거나 치료하는데 가장 먼저 해야 하는 일은 교정입니다. 그리고 우리는 자신부터 교정해야 한다는 것을 알고 있습니다. 가장 먼저 교정해야 할 대상은 자신의 태도입니다.

우리가 어떤 존재인지, 우리가 볼 수 있는 것은 그것뿐이다.

-에머슨(Emerson)

  완벽한 하루를 다시 만들기 위해 그날 중 바꾸고 싶은 장면을 교정하는 것이 가장 건강하고 생산적인 방법입니다. 예컨대, 오늘 받은 편지에 안 좋은 소식이 적혀 있었다고 가정해봅니다. 그러면 편지 내용을 바꾸십시오. 마음속으로 편지를 다시 작성하되 여러분이 원하는 소식으로 바꾸는 겁니다. 그런 다음 내용이 바뀐 편지를 몇 번이고 반복해서 읽는 것을 상상합니다. 이것이 바로 교정에서 가장 중요한 핵심입니다. 이런 교정의 결과, 안 좋은 소식은 사라집니다.

  한 가지 주의할 사항은 교정된 행동에 흠뻑 빠져들 정도로 집중해야 한다는 점입니다. 이러한 상상력 훈련으로 감각이 확장되고 섬세해지는 것을 경험할 수 있고, 그렇다면 결국 비전을 성취할 수 있습니다. 하지만 이 훈련을 하는 목적은 여러분 안에 그리스도의 영혼을 창조하기 위함이고, 이것은 곧 끊임없이 죄를 용서하는 작업입니다.

  <u>스스로를 변화시키고 싶을 때</u>, 뭔가 달라지고 싶은 진실된 소망이 있을 때, 죄를 용서하고자 하는 적극적이고 이상적인 영혼을 깨우고 싶을 때, 교정은 대단히 중요한 의미를 지닙니다.

상상력이 없다면 우리는 죄인으로 남습니다. 다시 말해 우리가 상상력을 활용하지 않으면 감각 속에 갇혀 있게 됩니다. 상상력을 활용한다는 것은 곧 용서하는 것입니다. 용서는 상상의 삶입니다. 우리가 삶을 살아가는 기술이란 용서를 하는 기술을 말합니다. 용서는 상상 속에서 교정된 하루를 경험하는 것이고, 실제로 경험하기 바라는 일을 상상 속에서 경험하는 것입니다. 진정으로 용서를 한다는 것, 다시 말해 '그랬으면 하고 바라는 삶'으로 다시 산다는 것은 다시 태어나는 것과 같습니다.

"아버지여, 그들을 용서하십시오!" 이 말은 종교의식 때만 치르는 간청이 아니라 우리의 삶에 매일 찾아오는 기회입니다. 용서는 매일 가능한 생각이며, 진심으로 용서할 때 우리는 훨씬 위대한 차원의 존재로 승화합니다. 그렇게 될 때 우리는 매일 부활절을 경험하게 됩니다. 부활절은 변화된 자신이 승화하는 모습입니다. 그리고 이 같은 경험은 거의 쉼 없이 이루어지는 과정입니다.

자유와 용서는 서로 떼려야 뗄 수 없는 관계입니다. 용서하지 않는다는 것은 내 자신과 전쟁을 벌이는 것입니다. 그래서 우리가 용서할 수 있는 만큼 우리는 자유를 얻을 수 있습니다.

용서하라. 그러면 너희가 용서를 받을 것이요.
-누가복음 6:37

 용서하되, 어떤 의무감이나 봉사한다는 마음으로 하지 마십시오. 기꺼이 원해서 용서하십시오.

그 길은 즐거운 길이요, 그의 지름길은 다 평강이니라.
-잠언 3:17

 교정을 할 때 즐거운 마음으로 해야 합니다. 여러분이 진심으로 다른 사람들과 그들의 이상을 동일시하고자 하는 마음을 가질 때, 다시 말해 진실로 다른 사람들이 그들의 이상을 실현했다는 것을 받아들이고자 하는 마음을 가질 때 그들을 진심으로 용서할 수 있습니다.

 의무감에서 나온 용서는 아무런 힘이 없습니다. 용서란 교정하지 않은 하루에 무심해지는 대신 교정한 하루에 온 힘을 다해 즐거운 마음으로 집중하는 것입니다. 만약 우리가 그날 있었던 사소한 짜증이나 문제라도 교정하기 시작한다면 우리는 많은 유익한 일들을 마주하게 될 것입니다. 모든 교정은 우리 자신과 싸워 이겨낸 승리인 동시에 우리의 적과 싸워서 이겨낸 승리입니다.

사람의 원수가 자기 집안 식구니라.

-마태복음 10: 36

여기서 자기 집안 식구란 우리의 마음 상태를 말합니다. 우리가 하루하루를 교정하면 미래가 바뀝니다.

용서와 교정의 기술을 실천할 때, 시선이 머무는 그 장면이 아무리 이미 일어난 사실처럼 느껴진다 하더라도 상상력을 이용해서 교정을 하고 난 후 마치 한 번도 목격하지 않는 일처럼 무심해질 수 있습니다. 상상력이 부족한 현실주의자의 눈에는 교정의 행동으로 나타나는 놀라운 변화가 전적으로 불가능한 일처럼 보일 것입니다.

하지만 돌아온 탕자[4]의 운이 급작스럽게 변한 것도 모두 마음이 변했기 때문입니다.

우리가 벌이는 싸움은 상상 속에서 일어납니다. 그날 하루를 교정하지 않는 사람은 인생에 대한 비전을 잃게 됩니다. 교정, 그것은 그리스도의 영혼이 삶을 변화시키기 위해 하는 일입니다.

---

4. 신약성서 누가복음 15장 11~32절. 방탕한 아들이 아버지로부터 받은 재산을 다 탕진하고 다시 집에 돌아와 아버지의 용서를 받는 이야기.

무엇이든지 남에게 대접을 받고자 하는 대로 너희도 남을 대접하라. 이것이 율법이라.

-마태복음 7:12

한 예술가 친구는 자신을 용서함으로써 고통, 분노, 해로운 감정에서 벗어날 수 있었습니다. 오직 망각과 용서만이 새로운 가치관을 가질 수 있는 방법이라는 것을 알았기에 친구는 온 마음을 다해 상상했고, 감각의 감옥에서 탈출할 수 있었습니다. 친구는 그 경험을 이렇게 적고 있습니다.

수요일 하루 종일 미술학교에서 수업을 했습니다. 사소한 일 하나가 그날의 기분을 망쳤습니다. 오후 수업을 하려고 교실을 들어서는데 관리인이 바닥청소를 한 후 의자를 모두 책상 위에 올려놓고 그냥 나갔다는 사실을 알았습니다. 제가 의자 하나를 내려놓으려는 순간 의자가 손에서 미끄러져 제 오른쪽 발등을 찍었습니다. 그 즉시 저는 제가 어떤 생각을 했는지 되새겨보았고, 관리인이 일을 제대로 하지 않은 점을 비판했다는 사실을 깨달았습니다. 그런데 생각해보면 그날 관리인을 돕는 사람이 없었기 때문에 이 정도 청소를 해놓은 것만 해도 아주 수고했던 거였습니다. 그리고 의자가 튕겨나가 내 발등을 찍은 것은 예기치 않은 일이었습니다. 발등을 내려다보니 상처도 없고 스타킹도 별 문제가 없는 것 같아 그냥 그 일을 잊었습니다.

그날 밤 세 시간 정도 몰두해서 그림을 그리고 난 후 커피 한 잔을 만들어서 마시려고 했습니다. 그런데 놀랍게도 오른 발이 너무 아파 움직일 수가 없었습니다. 간신히 한 발로 깡충깡충 뛰어서 의자에 앉은 후 슬리퍼를 벗고 발등을 살펴보았습니다. 발등 전체가 퉁퉁 부은데다 시퍼렇게 멍까지 들어 있었습니다. 통증을 참고 걸어 보려고 했지만 중심을 잡을 수가 없었습니다. 어쩔 도리가 없었습니다. 아무래도 의자를 발등에 떨어트렸을 때 뼈에 금이 갔든지 아니면 뼈었든지, 둘 중 하나라고 생각했습니다.

원인이 무엇인지 고민을 해봤자 소용이 없다는 걸 알았습니다. "차라리 거기에 집중하지 않는 편이 낫겠어." 그래서 저는 진정을 하고 제 자신이 빛에 녹아드는 상상을 시작했습니다. 하지만 이상하게도 상상이 잘 되지 않았습니다. 그저 제 안에서 "안 돼"라는 말만 나왔습니다. 그림을 그릴 때면 이런 경우가 종종 있습니다. 저는 "왜 안 돼?"라고 반문했습니다. 하지만 계속해서 "안 돼"라는 대답만 들렸습니다. 저는 결국 포기하고 이렇게 혼잣말로 중얼거렸습니다. "너도 내가 통증에 시달리고 있다는 걸 알잖아. 나는 겁먹지 않으려고 애를 쓰고 있어. 하지만 주인은 너야. 대체 네가 원하는 건 뭐지?" 그러자 답변이 들렸습니다. "침대로 가서 그날 있었던 일을 다시 돌이켜봐." 이 말에 전 "좋아. 그런데 만약 내일 아침까지 발이 멀쩡하지 않으면 네가 책임져야 해"라고 말했습니다.

침대시트와 커버가 제 발에 닿지 않도록 정돈한 후 저는 그날을 다시 돌아봤습니다. 아픈 발에 자꾸 신경이 쓰여 천천히 과정을 진행했습니다. 그날 있었던 모든 일을 차근차근 되짚어 보았지만 의자 사건 말고는 별다른 일을 찾을 수 없었습니다. 그런데 갑자기 그날 초저녁에 한 남자와 우연히 마주친 일이 생각났습니다. 그 남자는 지난 1년 간 저에게 일부러 말을 걸지 않았습니다. 전 처음엔 그의 귀가 멀게 된 것이 아닐까 생각했습니다. 우리는 학생 때부터 알고 지냈지만 "안녕"이라는 짤막한 인사나 날씨에 대해 언급하는 것을 벗어나서는 대화를 하지 않았습니다. 그가 처음부터 저를 좋아하지 않았으며 이젠 대화도 하지 않을 것이라는 말을 들었을 때 저뿐만 아니라 친구들도 그건 제 잘못이 아니라고 말했습니다. 아무튼 그날 초저녁에 만난 그에게 제가 "안녕"이라고 말을 걸었을 때도 그는 대답을 하지 않았습니다. 그때 저는 "쯧쯧, 한심한 녀석"이라고 생각했음을 깨달았습니다. "기분 좋은 상황이 아니야. 이 기분 좋지 않은 사건에 대해 뭔가 조치를 취해야겠어." 그래서 상상 속에서 그 장면으로 돌아가서 다시 사건을 구성했습니다.

새로 쓴 시나리오에서는 제가 그에게 "안녕"이라고 하자 그는 미소를 지으면서 "안녕"이라고 대답했습니다. 그러면서 그에 대해 '나의 오래된 벗, 에드'란 감정을 느꼈습니다. 저는 그 장면을 두세 번 다시 반복했고, 그러고는 다음 사건으로 옮겨간 후 그날 하루를 마무리했습니다.

"자, 이제 발과 콘서트 중 어떤 것을 상상해볼까?" 저는 다음 날 콘서트에서 첫 무대를 앞두고 있는 친구를 위해 용기와 성공이라는 선물을 마음속에서 포장하고 있었습니다. 그리고 그 선물을 오늘 밤 전해주려고 기다리고 있었습니다. 제 안의 상상력이 "콘서트를 하자. 그게 좀 더 재미가 있을 거야"라고 말했을 때 약간의 진지함이 느껴졌습니다. 이에 제가 "하지만 시작하기 전에 상상 속의 발은 온전하게 나아서 움직여야겠지?"라고 간청하자 상상력은 "물론이지"라고 대답했습니다.

저의 간청은 즉시 이루어졌습니다. 저는 콘서트에서 아주 즐거운 시간을 보냈고, 제 친구는 상상 속에서 엄청난 박수갈채를 받았습니다.

그 후 저는 그 상상의 작업을 하다가 너무 졸린 나머지 잠에 들었습니다. 다음 날 아침 슬리퍼를 신으려고 하는데 바로 그 슬리퍼에서 퉁퉁 붓고 시퍼렇게 멍이 든 발을 빼냈던 기억이 갑자기 났습니다. 발을 다시 살펴보았습니다. 발은 아무렇지도 않았습니다. 의자가 내리쩍었다고 생각한 그 자리에는 분홍빛 자국이 조그맣게 나있을 뿐이었습니다. "아, 꿈이었구나! 그런데 정말 생생했어!"라고 생각하면서 옷을 입었습니다. 커피가 다 되기를 기다리면서 제도용 탁자 쪽으로 걸어갔습니다. 탁자 위에는 붓들이 물감이 묻은 채 널브러져 있었습니다. "대체 내가 무슨 정신으로 붓을 씻지도 않고 내버려뒀지?" "기억나지 않아? 바로 발 때문이었어." 제가 경험한 것은 꿈이 아니라 아름다운 치유였던 것입니다.

그녀는 힘으로는 이룰 수 없는 것을 교정의 기술로 이루었습니다.

특히 여성이 천국에서 살아갈 수 있는 유일한 방법은 망각과 용서이다.

—블레이크

우리는 삶을 보이는 그대로 받아들이지 말고 위의 미술가의 비전처럼, 우리 모두의 마음속에 묻혀 있고 완벽히 교정된 세상의 관점에서 바라봐야 합니다. 세상은 우리가 하루하루를 교정하기를 기다리고 있습니다.

우리는 현실의 눈이 아니라 마음의 눈으로 볼 때 거짓도 믿을 수 있다.

—블레이크

그녀가 그날 하루를 교정했을 때 그 전까지 사실이라고 완강하게 믿었던 것이 더 이상 그렇게 느껴지지 않았고 꿈처럼 조용히 사라졌습니다.

여러분은 스스로를 기쁘게 하기 위해 하루를 교정할 수 있습니다. 상상 속에서 교정된 말과 행동을 경험함으로써 여러분 인생 이야기의 흐름을 바꿀 수 있을 뿐 아니라 부조화된 모든 요소를 조화롭게 만들 수 있습니다. 교정의 비밀을 발견하는 사람은 사랑이 이끄는 방향으로 따라갈 수밖에 없습니다. 연습하면 좀 더 효과적으로 할 수 있습니다. 교정은 올바름(right)이 자신의 적절한 힘을 찾을 수 있는 방법입니다. "**악에 대항하지 마라!**" (**마태복음 5:39**) 왜냐하면 격렬하게 투쟁한다면 상대방의 악한 성질이 내게 전염되기 때문입니다.

그러므로 사람이 선을 행할 줄 알고도 행하지 아니하면 죄니라.

—야고보서 4:17

여러분이 진실을 알고자 한다면 진실의 삶을 살아야 하고, 진실의 삶을 살기 위해서는 소망이 이루어진 상태에서 취하게 될 행동과 내면의 행동이 같아야 합니다. 기대와 소망은 하나가 되어야 합니다. 외부 세계는 단지 내면의 행동이 실현된 것에 불과합니다. 교정의 법칙을 모르고 전쟁에 휘말리는 사람들은 영원히 패배할 수밖에 없습니다.

이상화한 생각만이 진실을 그려낼 수 있습니다.

여러분이 되고자 하는 이상형이 바로 진정한 여러분의 자아입니다. 무엇이든 가장 진실하게 상상하는 것이 현실에서 가장 실용적인 방법입니다. 따라서 저는 여러분에게 상상력을 발휘하고 살면서 개인적으로 가장 적절하고도 초월적인 말씀인 여러분 안의 그리스도, **영광의 희망**을 생각하라고 말하고 싶습니다.

비난하지 마십시오. 오직 풀어내십시오. 최상의 상태에 있는 것은 사람과 땅이 아닙니다. 여러분이 교정의 기술을 실천할 때 천국을 만들 수 있습니다. 제 말이 진실임을 아는 것은 오직 경험하는 것뿐입니다. 하루를 교정하십시오. 교정용 가지치기 가위를 통해 우리는 최고로 맛있는 과실을 얻을 수 있습니다.

Chapter 5

The Coin of Heaven
천국의 주화

어떤 것을 강하게 확신하면 실제로 그렇게 만들 수 있나요? 그러자 예언자는 이렇게 대답했다. 모든 시인은 그렇다고 믿고 있죠. 상상력의 시대에서 이러한 강한 믿음은 산을 옮겼습니다. 하지만 많은 사람들은 어떤 것도 확신하지 못하지요.

—블레이크, 〈천국과 지옥의 혼인 Marriage of Heaven and Hell〉

모든 사람들은 자신의 마음 안에서 완전히 설득되어지니라.

—로마서 14:5

확신은 강렬하게 집중하고자 하는 내면의 노력입니다. 현실의 귀로는 들을 수 없는 것을 마치 들리는 것처럼 마음의 귀로 기울여 듣는 것은 마음속에서 무언가를 떠올리며 작동시킵니다. 마음의 귀를 기울여 들을 때 여러분은 자신이 원하는 바를 들을 수 있고, 육신의 귀가 들을 수 없는 것을 확신할 수 있습니다. 오직 상상 속에서 은밀하게 말을 하십시오. 내면의 대화(inner speech)와 바라는 소망을 일치시키십시오. 외부에서 듣기 바라는 것을 내부에서 들어야 합니다. 외부를 내부에서 받아들이십시오. 자신의 소망이 이루어졌음을 나타내는 소리만 들으십시오. 그러면 외부 세계에서 일어나는 모든 사건은 여러분의 소망을 객관적인 실체로 나타나게 해줄 다리가 되어 줄 것입니다.

내면의 대화는 계속해서 여러분 주변 사건으로 기록되고 있습니다. 여러분 주변에 일어나는 사건과 내면의 대화를 연관시켜 보면 스스로 알게 될 것입니다. 내면의 대화란 여러분 자신과 나누는 정신적인 대화를 뜻합니다. 여러분이 눈을 뜨고 있을 때는 외부 세계의 소음과 혼란스러움 때문에 내면의 대화가 들리지 않을 수도 있습니다. 하지만 깊은 명상에 빠질 때나 꿈을 꿀 때는 선명하게 들을 수 있습니다. 내면의 대화가 들리든 들리지 않든 여러분이 바로 그 대화를 쓴 저자이고 그 대화의 내용과 비슷하게 세상을 만들어가는 자입니다.

오직 은밀한 것을 나타내실 이는 하늘에 계신(당신 안에 있는) 하느님이시라. 그가 느부갓네살 왕에게 후일에 될 일을 알게 하셨나이다. 왕의 꿈, 곧 왕이 침상에서 머릿속으로 받은 환상은 이러하나이다.

-다니엘 2:28

소망이 이루어졌음을 전제로 내면의 대화를 나누는 것은, 여러분의 눈으로 확인할 수 있는 세상을 창조하는 방법입니다. 내면의 대화는 여러분이 앞으로 하게 될 행동의 원인이 되므로 잘 관찰해야 합니다. 또한 그것은 여러분이 세상을 바라보는 의식의 상태가 어떤지를 드러내줍니다. 내면의 대화를 여러분의 소망이 이루어진 상태와 일치시키십시오. 여러분 주변에서 일어나는 사건으로 드러날 것입니다.

만일 말에 실수가 없는 자라면 곧 온전한 사람이라. 능히 온 몸도 굴레 씌우리라. 우리가 말들의 입에 재갈 물리는 것은 우리에게 순종하게 하려고 그 온몸을 제어하는 것이라. 또 배를 보라. 그렇게 크고 광풍에 밀려가는 것들을 지극히 작은 키로써 사공의 뜻대로 운행하나니. 이와 같이 혀도 작은 지체로되 큰 것을 자랑하도다. 보라! 얼마나 작은 불이 얼마나 많은 나무를 태우는가.

깨어난 상상력 71

-야고보서 3: 2-5

  우리 눈앞에 드러나는 세상은 우리가 어떤 말을 사용했는지, 즉 내면의 대화가 어떠했는지를 보여줍니다. 내면의 대화를 있는 그대로 관찰해보면 우리의 가치관을 알 수 있습니다. 그리고 그것은 우리의 상상력이 어떤지를 그대로 비춰줍니다. 우리의 상상력은 그것이 녹아들어간 상태를 외부에 비춰냅니다. 만약 우리가 어떤 상태와 결합했는지가 우리 삶에 존재하는 모든 현상의 근원이라면 우리는 앞으로 무엇을 해야 할지 고민하는 부담감에서 벗어날 수 있습니다. 왜냐하면 정말 그렇다면 우리에게는 자신을 삶의 이상적인 모습과 동일시하는 것 외에는 다른 방법이 없기 때문입니다. 우리가 동일시한 상태는 내면의 대화를 반영하기 때문에 그 상태를 바꾸기 위해서는 가장 먼저 내면의 대화부터 바꾸어야 합니다. 내일의 현실을 만드는 것은 바로 내면의 대화입니다.

너희는 유혹의 욕심을 따라 썩어져 가는 구습을 따르는 옛 사람을 벗어 버리고, 오직 너희의 심령이 새롭게 되어 하느님을 따라 의와 진리의 거룩함으로 지으심을 받은 새 사람을 입으라.

-에베소서 4:22-24

뱃속처럼 우리 마음도 양식을 넣어주어야 한다.

-퀸틸리안(Quintillian)

예전의 부정적이고 흘러가는 대로 내버려 두었던 내면의 대화를 모두 멈추고 소망이 이루어졌다는 전제를 바탕으로 한 긍정적이고 건설적인 새 내면의 대화를 만들어야 합니다. 내면의 대화는 미래의 행동이 나타나도록 씨를 뿌리는 행위입니다. 외부의 행동을 결정하기 위해서는 의식적으로 내면의 대화를 시작하고 통제해야 합니다. 자신의 목표가 이루어졌음을 의미하는 문장을 만드십시오. 예를 들면 다음과 같습니다. "나는 정당한 방법으로 많은 돈을 꾸준히 안정적으로 벌고 있다." "나는 행복한 결혼생활을 하고 있다." "나는 이 세상에 필요한 사람이다." "나는 이 세상을 위해 좋은 일을 하고 있다." 이런 문장을 반복해서 말함으로써 마음속에 각인시키십시오. 내면의 대화는 우리가 살고 있는 세상에서 다양한 방법으로 모습을 드러낼 것입니다.

태초에 말씀이 계시니라.

-요한복음 1:1

심은 대로 거둘 것이다. 들판을 보라! 참깨를 뿌리면 참깨가 열리고, 옥수수를 심으면 옥수수가 열린다. 침묵과 어둠은 이미 알고 있다! 사람의 운명도 마찬가지로 태어난다는 것을.

-에드윈 아놀드(Edwin Arnold), 〈아시아의 빛The Light of Asia〉

결말은 처음의 원인에 충실하게 나타납니다.

사랑을 찾아나서는 사람은 사랑이 부재함을 드러낼 뿐이다. 사랑이 없는 자는 결코 사랑을 찾을 수 없고, 오직 사랑하는 자만이 사랑을 찾을 수 있다. 그들은 절대로 사랑을 찾아 나설 필요가 없다.

-D.H. 로렌스(D.H. Lawrence)

우리는 우리가 현재 인식한 우리의 모습을 끌어당깁니다. 인생을 사는 방법은 원하는 대상을 쫓아가는 것이 아니라 소망이 이루어졌다는 느낌을 간직한 채 그것이 우리에게 오도록 하는 것입니다. 쫓아가지 않으면 그것이 도망간다고 생각해서는 안 됩니다.

내면의 대화를 관찰하고 자신이 원하는 이상을 기억하십시오. 그것들이 일치하고 있습니까? 여러분이 목적을 달성했을 때 외칠만한 소리와 내면의 대화가 일치하고 있습니까? 여러분의 내면의 대화와 행동이 여러분의 삶의 환경을 끌어옵니다. 내면의 대화를 그대로 관찰한 후 여러분이 내부 세계에서 어떤 곳에 머무르는지 살펴보십시오. 그곳이 바로 외부 세계에서 여러분이 머물게 될 곳입니다. 이상과 내면의 대화가 일치할 때 여러분은 새로운 사람이 될 수 있습니다. 오직 이 방법을 통해서만이 새로운 사람으로 태어날 수 있습니다.

내면의 대화는 어둠 속에서 무르익습니다. 그리고 어둠에서부터 빛을 발합니다. 이상을 실현하고자 한다면 올바른 내면의 대화, 즉 소망이 이루어진 상태를 품으십시오.

I AM THAT!

신이 인간에게만 준 두 가지 선물이 있다. 신은 그 선물을 다른 유한한 창조물에겐 허락하지 않았다. 말과 마음이다. 말과 마음이란 선물은 불멸의 선물이다. 만약 인간이 이 두 가지 선물을 올바르게 쓴다면 불멸의 존재와 다를 바 없을 것이다…… 그리고 육체를 포기할 때 말과 마음이 그의 안내자가 될 것이다. 말과 마음을 통해 인간은 신과 축복 받은 영혼의 무리에 합류할 수 있다.

―월터 스캇(Walter Scott)의 번역본, 〈헤르메스 문서Hermetica〉

삶의 환경과 조건은 내면의 대화가 그 모습과 소리를 밖으로 드러낸 것입니다. 내면의 대화는 사건들을 불러냅니다. 모든 사건에는 창조적인 소리(creative sound)가 있는데, 이 소리는 그 자체로서 생명력이 있습니다. 우리가 사실이라고 믿을 때 내면의 대화는 그 모습을 드러냅니다. 말이 곧 생명입니다.

이 순간 자신이 무슨 말을 하고 있는지, 어떤 생각이나 느낌에 동의하고 있는지 잘 살펴보십시오. 말, 생각, 느낌은 베틀에서 짠 직물처럼, 여러분의 인생 속에 완벽하게 얽혀 들어갈 것입니다. 인생을 바꾸고 싶으면 내면의 대화를 먼저 바꾸어야 합니다. 헤르메스는 "인생이란 말과 마음이 결합된 실체이다"고 말했습니다. 상상을 통해 내면의 대화를 소망이 이루어진 상태로 만들 때 내부에서 외부로 통하는 길이 열릴 것이고, 외부는 내부를 즉시 반영할 것입니다. 그렇게 될 때 여러분은 현실이 단지 내면의 대화가 실현된 것임을 깨닫게 될 것입니다.

너희 영혼을 능히 구원할 바 마음에 심어진 말씀을 온유함으로 받으라.

-야고보서 1:21

우리가 의식적으로 상상을 통제해 내면의 대화를 소망이 이루어진 모습으로 바꾼다면 비로소 앞으로 나아갈 수 있습니다. 하지만 우리는 우리의 내면의 대화를 이렇게 완벽하게 바꾸지 못하기 때문에 결과가 확실해질 수 있음에도 불구하고 불확실한 상태에 놓이게 됩니다. 소망이 이루어진 상태를 계속해서 유지하는 것이 그것을 실현하는 방법입니다. 내면의 대화를 소망이 이루어진 상태와 일치시키고 통제한다면 다른 과정들은 필요하지 않습니다. 그런 후에 우리는 그저 명확한 상상과 의지에 따라 움직입니다. 소망이 이루어졌다고 상상하고, 소망이 이루어졌다는 전제 아래 정신적인 대화를 나누십시오.

소망이 이루어졌다는 전제 아래 내면의 대화를 통제한다면 기적 같아 보이는 일도 행할 수 있습니다. 미래는 현재가 되고 우리 내면의 대화에서 모습을 드러냅니다. 소망이 이루어진 상태에서 내면의 대화를 지속하는 것은 삶이란 항구에 안전하게 정박하는 방법입니다. 우리의 인생이 여러 가지 사건들로 무너져 보일 수도 있습니다. 하지만 우리가 소망이 이루어진 상태에서 내면의 대화를 지속하는 한 우리의 인생은 결코 무너지지 않습니다. 적극적으로 상상력을 활용하여 우리가 이미 되고 싶은 존재가 되었다고 내면에 확신이 생길 때 우린 행복을 누릴 수 있습니다. 또한 삶의 목적을 계속해서 상기하고 그것과 우리를 동일시함으로써 우리는 자신과 이상을 일치시킬 수 있습니다. 소망이 이루어졌다는 느낌을 자주 환기하십시오. 삶의 이상과 우리자신을 하나로 만들어야 합니다. 성공의 비결은 이 연습을 얼마나 자주 습관적으로 하는가에 달려있습니다. 자주하면 자주할수록 그 느낌은 자연스러워집니다. **공상은 모으고, 상상은 하나로 결합시킵니다.**

상상력을 제대로 활용하면 모든 상황을 해결할 수 있습니다. 우리가 해야 할 일은 소망이 이루어졌음을 암시하는 문장을 떠올리면서 상상력에 불을 지피는 것입니다. 이 모든 것이 "침묵속의 소리(the still small voice)"의 신비와 관련이 있습니다.

내면의 대화는 상상이 어떤 활동을 하고 있는지를 보여주는데, 이 활동이 삶의 환경을 불러옵니다. 대체로 사람들은 내면의 대화를 **완전히 인식하지 못하기 때문에 자신을 환경의 창조자가 아닌 피해자로 봅니다.** 의식적으로 환경을 창조하기 위해서는 의식적으로 내면의 대화를 원하는 방향으로 이끌어야 하고, 침묵속의 소리를 소망이 이루어진 상태와 일치시켜야 합니다.

하느님은 없는 것을 있는 것으로 부르시니라.
-로마서 4:17

올바른 내면의 대화가 중요합니다. 그것이 바로 가장 위대한 예술이고, 한계를 벗어나 자유로 가는 방법입니다. 이런 방법을 알지 못하기 때문에 경이로운 장소가 되어야 할 세상이 피와 땀으로 얼룩진 전쟁터와 교도소가 된 것입니다. 자신이 원하는 바를 이루기 위해 맨 먼저 해야 할 일은 올바른 내면의 대화를 가지는 것입니다.

말은 마음의 상(像)이요, 마음은 하느님의 상이라.
-스캇 월터의 번역본, 〈헤르메스 문서〉

1953년 4월 12일 아침, 제 아내는 내면에서 "너는 생각과 시간, 돈을 소비하는 일을 멈추어야 한다. 인생의 모든 일에 투자를 해야 한다"는 위대한 권능의 목소리를 듣고 잠에서 깨어났습니다.

소비는, 돌아오는 이익도 없이 버리고 낭비하고 쓰는 것을 말합니다. 투자는 이익을 기대할 수 있는 곳에 쓰는 것을 말합니다. 제 아내가 받은 계시는 바로 이 순간의 중요성에 대한 교훈이었습니다. 또한 이 순간의 변화에 대한 교훈이었습니다. 우리가 소망하는 바는 미래에 있는 것이 아니라 바로 지금 이 순간 우리에게 달려 있습니다. 삶의 매 순간, 우리는 현재의 모습과 되고자 하는 모습이라는 선택의 기로에 놓여 있습니다. 그리고 우리가 되고자 하는 모습은 이미 존재하지만 이를 실현하기 위해서는 내면의 대화와 행동이 그것과 일치해야 합니다.

너희 중에 두 사람이 땅에서 합심하여 무엇이든지 구하면 하늘에 계신 내 아버지께서 그들을 위하여 이루게 하시리라.

-마태복음 18:19

   중요한 것은 오직 지금 이 순간 행해진 일입니다. 현재의 순간은 과거로 돌아가지 않습니다. 우리가 소비를 하는지 아니면 투자를 하는지에 따라 미래가 결정됩니다. 생각은 천국의 주화이고, 주화는 곧 세속의 상징입니다. 모든 순간에 투자를 해야 합니다. 그리고 내면의 대화는 우리가 소비를 하고 있는지 아니면 투자를 하고 있는지를 보여줍니다. 현재 무엇을 느끼고 생각할지 현명하게 선택하고, 과거에 했던 말이 아니라 지금 하고 있는 말에 신경을 써야 합니다.

   우리가 오해하고, 악용하고, 무시하고, 의심하고, 두려워한다고 느끼는 모든 순간은 우리가 생각과 시간을 낭비한 순간입니다. 원하는 바를 이미 이루었다는 느낌을 가질 때 비로소 투자를 하게 됩니다. 지금 순간을 부정적인 내면의 대화에 낭비하면서 인생의 통제권을 가질 수는 없습니다. 우리 뒤에 있던 것처럼 보이던 모든 것들이 우리 앞에 나타납니다. 마지막 순간은 지난 것이 아니라 다가오고 있습니다.

내 입에서 나가는 말도 이와 같이 헛되이 내게로 되돌아오지 아니하고 나의 기뻐하는 뜻을 이루며 내가 보낸 일에 형통함이니라.

-이사야 55:11

삶의 환경은 내면의 대화가 소리를 죽인 채 표현된 것이자, 눈앞에 드러난 것입니다.

헤르메스는 이렇게 말했습니다.

말은 아들이고, 마음은 말의 아버지다. 그들은 서로 떨어져 있는 존재가 아니다. 삶이란 말과 마음이 결합된 것이다.

자기의 뜻에 따라 진리의 말씀으로 우리를 낳으셨느니라.

-야고보서 1:18

사랑을 받는 자녀 같이 너희는 하느님을 본받는 자가 되고

-에베소서 5:1

외부세상을 우리의 이상과 같은 모습으로 만들기 위해 내면의 대화를 지혜롭게 사용해야 합니다.

여호와의 영이 나를 통하여 말씀하심이여, 그의 말씀이 내 혀에 있도다.

-사무엘하 23:2

하느님의 입은 인간의 마음입니다. 그에게 최고의 양식만 갖다 바치십시오.

형제들아 무엇에든지 참되며 무엇에든지 경건하며 무엇에든지 옳으며 무엇에든지 정결하며 무엇에든지 사랑 받을 만하며 무엇에든지 칭찬 받을 만하며 무슨 덕이 있든지 무슨 기림이 있든지 이것들을 생각하라.

-빌립보서 4:8

현재의 순간에 항상 투자를 해야 하며, 마음속으로 옳은 말만 하십시오.

오직 그 말씀이 네게 매우 가까워서 네 입에 있으며 네 마음에 있은 즉 네가 이를 행할 수 있느니라. 보라, 내가 오늘 생명과 복과 사망과 화를 네 앞에 두었나니. 너와 네 자손이 살기 위하여 생명을 택하고.

-신명기 30: 14, 15, 19

여러분은 자신이 선택한 그것이 됨으로써 생명과 복, 축복을 택할 수 있습니다. 내면의 대화가 축복이 될 수 있도록 참된 대화를 만드십시오. 자신의 미래에 대해 모른다는 것은 자신의 내면의 대화를 모른다는 말과 같습니다. 내면의 대화는 지금 여러분의 상상이 어떤 모습인지를 보여줍니다. 상상력이 마음을 통제하기 시작할 때 그것과 모순되는 것들은 결코 힘을 얻지 못합니다.

만약 여러분이 "내면의 대화가 마음속에 계속 남아서 스스로를 드러낼 대상을 찾지 못한다면 어떻게 될까요?"라고 묻는다면, 그에 대한 대답은 다음과 같습니다. 내면의 대화는 마음속에 계속 남아있지 않을 것입니다. 왜냐하면 내면의 그것은 항상 이 세상에서 객관적인 실체로 그것 자신을 나타내려고 하기 때문입니다. 우리가 좌절하고 곪아터지고 병드는 까닭은 내면의 대화를 소망이 이룬 상태와 일치시키는 방법을 모르기 때문입니다. 내면의 대화는 상상력을 반영합니다. 그리고 상상력은 곧 우리의 그리스도입니다.

내면의 대화를 바꾸십시오. 그러면 여러분이 인식하는 세계가 바뀝니다. 내면의 대화와 소망이 일치하지 않고 갈등관계에 있을 땐 무조건 내면의 대화가 이깁니다. 내면의 대화는 세상에서 그 모습을 드러내려고 하기 때문에 만약 그것이 소망과 일치된다면 소망 또한 객관적인 실체로 드러날 것입니다. 만약 그렇게 못한다면 블레이크의 말을 전하고 싶습니다.

행하지 못할 욕망을 심어 주느니 갓난아기를 요람에서 죽이는 편이 낫다.
 ―블레이크

혀는 곧 불이요, 불의의 세계라. 혀는 우리 지체 중에서 온 몸을 더럽히고 삶의 수레바퀴를 불사르나니, 그 사르는 것이 지옥 불에서 나느니라.
 ―야고보서 3: 6

Chapter 6

It Is Within
그것은 내 안에 있다

강, 산, 도시, 마을,
이 모든 것은 인간이요.
그들의 가슴으로 들어갈 때
당신은 천국과 땅에서 걷는 것이다.
당신의 가슴에서 천국과 땅을 품을 수 있듯이,
당신이 보는 모든 것은
외부에서 나타나지만 내부에 있는 것이고,
상상 속에서 이 유한한 세계는 단지 그림자일 뿐이다.

—블레이크, 〈예루살렘〉

블레이크에게 내부 세계는 깨어있는 삶의 외부 세계만큼 사실처럼 느껴졌습니다. 그는 자신의 꿈과 비전을 자연이 존재하는 현실로 보았습니다. 세상의 모든 것들은 그의 의식 안에 존재하는 것이었습니다.

하느님의 나라는 너희 안에 있느니라.

-누가복음 17:21

참사람(Real Man), 곧 상상의 자아는 자신의 모습을 외부에 비춰서, 외부 세계가 그것의 모든 특성을 띠게 만듭니다. 너무도 견고하여 사라져버릴 수 없을 것 같은 외부 세계의 단단한 현실은 참사람의 상상이 만들어낸 내부세계의 모습이 비춰진 것입니다.

나를 보내신 아버지께서 이끌지 아니하시면 아무도 내게 올 수 없으니

-요한복음 6:44

나와 아버지는 하나이니라.

-요한복음 10:30

우리가 지금 눈으로 보면서 묘사하고 있는 이 세상은 관찰자인 우리의 정신활동이 현현된 것입니다. 세상은 자신의 정신적인 활동이 눈에 보이게끔 드러난 것이라는 사실, 오직 자신만이 이 모든 것을 끌어당길 수 있다는 사실, 그리고 변해야 할 대상은 다른 사람이 아닌 오로지 자신, 즉 상상의 자아임을 깨닫게 될 때 지금의 세상을 자신의 이상이 투영된 세상으로 바꾸고 싶은 충동이 생겨날 것입니다. 하지만 자신의 이상은 그렇게 쉽게 구현되지 않습니다. 바깥세상의 기준에 순응하기를 그만두는 순간, 훨씬 더 철저하고 엄격한 자아훈련(self-discipline)의 원칙을 받아들여야 합니다. 자신의 이상이 실현되는지의 여부는 자아훈련이 얼마큼 되어 있는지에 달려 있기 때문입니다.

상상력은 어떤 규칙이나 제약 없이 완전히 제멋대로 이용할 수 있는 것이 아닙니다. 실은 그 반대입니다. 상상력은 습관을 따릅니다. 물론 우리는 무엇을 상상할지를 선택할 수 있는 자유가 있다고 말할 수 있지만 그 선택도 습관에 따른 것입니다. 우리가 깨어 있든 잠들어 있든 상상력은 특정한 패턴을 따릅니다. 이같이 습관은 무의식적으로 영향을 주기 때문에 우리는 습관부터 바꾸어야 합니다. 그렇지 않으면 우리의 꿈도 습관에 의해 마비가 되어 사라지고 말 것입니다.

상상력, 곧 우리 안의 그리스도가 반드시 완벽하고 좋은 결과만 낳는 것은 아닙니다. 상상력은 외부의 육체적 자아에게 선과 악, 질서와 무질서 중에 선택할 수 있는 절대적인 자유의지를 부여하고 있습니다.

너희 섬길 자를 오늘 택하라.

-여호수아 24:15

우리가 일단 선택을 하고 받아들이면 그 선택은 우리의 일상적인 잠재의식을 형성합니다. 그러면 상상력은 우리의 습관적인 내면의 대화와 활동의 이미지 속에서 감각의 외부 세계를 만들어감으로써 자신의 무한한 능력과 지혜를 드러냅니다.

우리가 이상을 실현하기 위해서는 우리의 상상력이 따르는 패턴을 먼저 바꾸어야 합니다. 평소의 생각이 그 사람의 모습을 보여줍니다. 외부 세계를 바꾸는 방법은 내면의 대화와 행동을 소망을 이루게 되었을 때 하게 될 외부의 대화와 행동과 일치시키는 것입니다.

우리의 이상은 밖으로 구현되기를 기다리고 있습니다. 하지만 내면의 대화와 내면의 행동을 소망이 이루어진 상태의 대화와 행동과 일치시키지 않으면 이상은 세상 밖으로 잉태되어 나올 수 없습니다. 내면의 대화와 행동은 하느님의 힘이 드러날 수 있는 채널입니다. 이 채널이 제공되지 않는다면 하느님은 우리의 기도에 응답할 수 없습니다. 우리의 외부적 행동은 자동적으로 움직입니다. 그것은 충동에 따라 움직여지는데 이것은 내적 자아의 행동이 그렇게 하도록 만든 것입니다. 내적 자아의 오래된 습관은 새로운 습관으로 대체될 때까지 지속됩니다. 두 번째 사람, 즉 내적 자아의 모습은 그것과 비슷한 모습을 외적 자아에게 줍니다. 따라서 내적 자아의 행동이 변화되면 자연히 외부에서도 변화가 따라옵니다.

신비주의자들은 의식의 변화를 죽음이라고 부릅니다. 여기서 죽음이란 상상력과 그 상상력이 융합된 상태가 파괴된 것이 아니라 단순히 이 둘의 결합이 깨어진 것을 의미합니다. 융합(fusion)은 하나 됨(oneness)이 아니라 결합(union)을 의미합니다. 따라서 결합할 때 생겼던 대상은 결합이 사라질 때 함께 사라집니다. 사도 바울은 그리스 고린도 지방의 신자들에게 보낸 편지에서 **나는 매일 죽는다** 라고 말했습니다. 그리고 윌리엄 블레이크는 친구 크래브 로빈슨에게 다음과 같이 말했습니다.

죽음과 같은 것은 없다네. 죽음은 인생에서 일어날 수 있는 최고의 사건이지. 하지만 대부분의 사람들은 너무 늦게 죽음을 맞이하고 죽으면서 너무나 가혹한 시간을 가지지. 하느님은 알고 계신다네, 그들의 이웃들은 그들이 죽은 자 가운데서 부활하는 모습을 결코 보지 못한다는 사실을.

하지만 속사람의 존재도 모르고 오직 감각만을 지닌 겉사람에게 이 말은 그저 터무니없게 들립니다. 블레이크는 세상을 뜨기 1년 전 위의 생각을 글로써 분명히 밝혀두었습니다.

윌리엄 블레이크는 훌륭한 사람들과 함께 했다는 사실에 매우 만족한 사람이다. 1757년 11월 28일 런던에서 태어나 그 후로 여러 번 죽음을 맞이했다.

우리가 상상력이 곧 그리스도라는 사실을 깨닫게 될 때 비로소 왜 그리스도가 인류를 구원하기 위해서는 반드시 죽어야 하고, 죽은 자 가운데서 다시 살아나야 한다고 말했는지 그 이유를 알게 됩니다. 또한 자신을 제약하고 있는 환경에서 벗어나 스스로를 구원하기 위해서는 왜 자신의 상상력을 현재의 상태에서 떼어내어 좀 더 높은 자아 개념과 일치시켜야 하는지 그 이유를 알게 됩니다. 이는 오로지 상상력이 그리스도라는 사실을 깨닫게 될 때 가능한 일입니다.

다음은 한 이웃이 목격한 신비스런 죽음에 대한 이야기입니다. 죽은 자 가운데서 부활한 그 사람은 자신의 이야기를 이렇게 적고 있습니다.

지난주에 한 친구가, 자신은 크리스마스 휴일 동안 동부에 갈 생각인데, 그때 자신의 별장이 비어 있으니, 제가 거기에 머물러도 좋다고 했습니다. 그리고 동부에 가는지 여부를 이번 주까지 알려준다고 했습니다. 우리는 매우 유쾌한 대화를 나누었고, 저는 그녀가 읽고 있었던 존 윌리엄 던(John William Dunne)의 〈시간에 대한 실험Experiment With Time〉에 대해 이야기하면서 당신과 당신이 가르쳐준 내용에 대해 언급했습니다.

친구의 편지는 월요일에 도착했습니다. 편지의 내용은 저를 우울하게 만들었습니다. 친구는 제가 별장에서 머물러도 좋다고 하면서 열쇠가 있는 장소를 알려주었습니다. 그런데도 전 이상하게 기분이 좋아지는 게 아니라 더 우울해졌고, 결국 편지에 뭔가 숨겨진 의미가 있을 것이라는 직감이 들었습니다. 저는 다시 편지를 펼쳐보았는데, 첫 번째 페이지를 읽고 두 번째로 넘어가는 순간 첫 번째 페이지 뒷면에 적어놓은 친구의 추신을 발견했습니다. 추신에서 친구는 지난 몇 년간 제가 고치려고 했던 성격적 결점을 신랄하게 비판하고 있었습니다. 지난 2년 간 저는 그것을 고치는 데 어느 정도 성공했다고 생각했습니다. 그런데 친구는 다시 그 문제를 거론했고, 이번에는 적나라하게 표현했습니다.

저는 한동안 정신이 멍해졌습니다. "대체 이 편지로 내게 뭘 말하려는 걸까?" 전 생각을 정리하기 시작했습니다. 첫째, 제가 크리스마스 휴가를 멋진 집에서 보내는 장면을 상상하고 있던 와

중에 그 친구가 자신의 별장을 써도 된다고 했습니다. 둘째, 모든 일은 제가 끌어당긴 것입니다. 셋째, 그 전까지 좋은 소식만 들려오고 있었습니다. 따라서 저는 제 안의 무언가가 이 편지에 반응하는 것이고, 겉보기엔 어떨지 몰라도 분명히 좋은 소식이라는 결론을 내렸습니다.

저는 "뭐 빠트린 내용이 없나?"하면서 다시 읽어보았습니다. 그때 뭔가가 제 눈에 들어왔습니다. "지난주에 우리가 얘기를 마치고 난 후 이 이야기를 너에게 말해도 괜찮을 것 같다는 생각이 들었어"라고 시작된 문장 뒤에는 시드 케이크 안에 박힌 커런트 열매처럼 과거형 문장이 잔뜩 나열되어 있었습니다. 갑자기 전 날아갈 듯 기분이 좋아졌습니다. 알고보니 친구가 언급한 저의 약점들이 모두 과거의 일을 말했던 것이었습니다. 제가 그토록 고치고 싶었던 부분이 이미 다 이루어져 있었습니다. 친구는 제가 다시 태어난 모습을 목격한 사람이었습니다. 저는 원룸 안에서 빙글빙글 돌면서 소리를 질렀습니다. "모두 과거형이었구나! 이미 이루어졌어. 감사합니다. 해냈어!" 저는 커다란 라이트 볼에다 감사한 마음을 담아 당신에게 보냈습니다. 혹시 월요일 저녁 6시 직후 섬광을 보셨다면 그것은 바로 제가 보낸 라이트 볼일 겁니다.

저는 친구에게 정중한 감사편지를 쓰는 대신에 솔직하게 말해

줘서, 또 별장을 빌려줘서 고맙다고 썼습니다. 당신의 가르침으로 인해 저의 소중한 상상력은 저의 구세주가 되었습니다.

어떤 사람이 너희에게 말하되, 보라! 그리스도가 여기 있다, 보라! 저기 있다, 하여도 믿지 말라.

-마가복음 13: 21

이제 어떤 사람이 위의 글을 쓴 여성에게, "**그리스도가 여기 있다, 저기 있다**" 해도 그녀는 그 말을 믿지 않을 것입니다. 왜냐하면 이제 그녀는 하느님의 왕국은 자신 안에 있고, 오로지 자신만이 이상을 구현할 수 있으며, 죽음과 부활만이 이상으로 가는 길임을 알았기 때문입니다. 또한 하느님의 가슴 안에서 영원토록 확장되는 소중한 상상력이 바로 자신의 구세주임을 깨달았습니다.

오직 한 가지 현실만이 있습니다. 그것은 바로 그리스도입니다. 그리고 그리스도는 인간의 상상력이고, 모든 인류가 이어받은 유산이자 최후의 업적입니다.

이는 우리가 이제부터 어린 아이가 되지 아니하여 사람의 속임수와 간사한 유혹에 빠져 온갖 교훈의 풍조에 밀려 요동하지 않게

하려 함이라. 오직 사랑 안에서 참된 것으로 하여 범사에 그에게 까지 자랄지라. 그는 머리니, 곧 그리스도라.

-에베소서 4:14,15

Chapter 7

Creation Is Finished
창조는 끝났다

이제 있는 것이 옛적에 있었고, 장래에 있을 것도 옛적에 있었나니, 하느님은 이미 지난 것을 다시 찾으시느니라.

-전도서 3:15

블레이크는 인간이 처할 수 있는 모든 상황을 이미 만들어진 (already-made) 상태로 보았습니다. 그는 모든 양상, 모든 줄거리, 모든 드라마가, 우리가 그 안에 있지 않을 때는 단순한 가능성으로만 작용하지만, 우리가 그 안에 있을 때는 놀라운 현실로 작용한다고 보았습니다. 그는 이러한 상태를 로스홀의 조각품 (Sculptures of Los's Halls)[5] 이라고 불렀습니다. 그리고 다음과 같

---

5. 블레이크는 인간이 타락하지 않았을 때에는 인간의 네 기능, 즉 상상력, 본능, 감정, 이성이 조화를 이루어 기능을 수행하며 각자의 독자적 우위성을 내세우지 않았다고 말한다. 네 기능 중 하나에 지나지 않는 이성을 가장 중요하고 지배적인 위치로 승격시키고 다른 기능

은 말을 남겼습니다.

상태와 상태에 있는 사람은 구별해야 한다. 상태는 변하지만 개개인의 정체성은 결코 변하지도 멈추지도 않는다. 상상력은 상태가 아니다. 인간의 존재 그 자체이다. 애정이나 사랑이 상상력과 분리된다면 그것은 그저 하나의 상태가 된다.

우리는 블레이크가 한 말을 반드시 기억해야 합니다. 우리가 처음으로 이 진실을 깨달을 때가 인생에서 가장 중요한 순간입니다. 그리고 사람들이 이 진실을 깨닫게 하는 것이 가장 고차원적인 격려의 방법입니다.

이 진리는 모든 사람들이 평범하게 받아들일 수 있는 이야기지만, 이것을 자각하는 순간은, 즉 그 진리를 자각하게 되는 개인적인 순간은 전혀 평범하지 않습니다.

나를 둘러싼 세상의 모든 것이 내 안에서 일어나는 정신적 활동이 현현된 것이고, 내 삶의 조건과 환경은 내가 녹아 든 의식상

들을 억압하고 지배하는 태도가 인간 타락의 가장 중요한 국면이라고 보았다. 인간이 본연의 인식력으로 인식하던 신의 모습을 잃어버리면 그는 이성에만 의존하게 되고, 그렇게 되면 신의 모습을 잃어 버린다. 블레이크에게 있어서는 인식력의 수축, 이성만의 지배, 자아의 출현 등은 모두 동시에 일어나는 인간의 타락 양상이었다. 블레이크의 주요 예언시들에서 잠들어 있는 인간을 이러한 타락과 잠에서 깨어나게 하려고 가장 열심히 노력하는 존재는 인간의 네 기능인, 네 조아들(Four Zoas) 중 하나인 어소나의 타락 후의 모습인 로스(Los), 즉 상상력이다. 블레이크는 로스를 참된 인간, 인간 안의 창조적 인식력, 온전한 인간, 깨어난 인간의 인식이라고 보았다.

태를 반영하는 것뿐이라는 이 위대한 진실을 깨닫게 되던 날은 제 인생에서 가장 중요한 순간이었습니다. 하지만 제가 이 진실을 확신하게 된 경험은 너무나 비현실적이라서 오랫동안 말하기를 망설였습니다. 저의 이성 또한 경험을 통해 내린 결론을 받아들이기를 거부했습니다. 그럼에도 전 그 경험을 통해 제가 의식 상태의 경계 안에서 최고의 위치에 있으며, 어떤 것을 경험할지 결정하는 것은 나와 동일시한 상태라는 사실을 깨달았습니다. 따라서 이 진리를 모든 사람과 공유해야 합니다. 왜냐하면 이것을 알면 세상에서 가장 포악한 압제, 다시 말해 만물의 제 2 원인[6]에 대한 믿음에서 자유로워질 수 있기 때문입니다.

마음이 청결한 자는 복이 있나니 그들은 하느님을 볼 것이더라.
-마태복음 5:8

자신의 상상력에서 만물의 제 2원인에 대한 믿음을 몰아낸 사람들은 상상력이 모든 것이고, 모든 것은 상상력이라는 사실을 알고 있기에 축복 받은 사람들이라고 할 수 있습니다.

---

6. 신학자 토마스 아퀴나스(1225~1274)는 '신학대전'에서 신이 세계를 창조할 때 숱한 인과관계 속에서 순차적으로 '가능태'를 '현실태'로 변화시키는 원리들과 함께 창조했다고 했다. 그리고 이 원리들을 '본래적 원인'과 '우연적 원인,' 다른 말로 '제1원인'과 '제2원인'으로 나누었다. 또 신은 모든 변화와 운동의 '제1원인'으로서 복잡한 인과관계 속에서 다양한 방법을 통해 창조하는데, 어떤 것은 직접 창조하기도 하고 어떤 것은 자신이 창조한 원리, 곧 제2원인에 위임해서 작용하게 한다고 설명했다.

어느 날 제가 뉴욕시의 제 아파트 침대에 누워 있었을 때, 제 의식은 먼 과거의 시골지방으로 스르륵 빠져 들어갔습니다. 커다란 여관의 식당으로 들어섰을 때 제 의식은 온전히 깨어있었습니다. 물론 제 육체는 뉴욕시 아파트의 침대에 누워 있다는 사실도 인식하고 있었습니다. 제 의식은 평상시와 마찬가지로 온전히 깨어있었습니다. 그러던 중 제가 마음의 활동을 멈춘다면 제 앞의 모든 것이 정지하리라는 것을 직감적으로 알았습니다. 이런 생각이 들자마자 그것을 시도하고 싶은 충동이 저를 사로잡았습니다. 머리가 팽팽하게 조여 들면서 고요해짐을 느꼈습니다. 온 신경을 모아 한 곳으로 집중했습니다. 지나가던 여종업원은 더 이상 지나가지 않고 멈췄습니다. 떨어지고 있던 나뭇잎은 더 이상 떨어지지 않고 멈췄습니다. 식사를 하고 있던 네 명의 가족은 더 이상 밥을 먹지 않고 멈췄습니다. 음식을 집어 들던 그들은 이젠 멈췄습니다. 그리고는 이제 다시 긴장을 풀었습니다. 조여오던 머리가 편안해졌고, 갑자기 모든 것이 제자리로 돌아갔습니다. 여종업원이 지나갔고, 나뭇잎은 떨어졌고, 가족이 밥을 먹었습니다. 그때서야 저는 블레이크가 본 로스홀의 조각품을 이해할 수 있었습니다.

내가 너희로 노력하지 아니한 것을 거두러 보내었노니.

-요한복음 4: 38

창조는 끝났습니다.

이제 있는 것이 옛적에 있었고 장래에 있을 것도 옛적에 있었나니, 하느님은 이미 지난 것을 다시 찾으시니라.

-전도서 3:15

창조의 세상은 이미 완성되었으며, 그것의 본래 모습은 우리 안에 있습니다. 우리는 그것을 만들기도 전에 이미 그 창조된 세상을 보았고, 그 이후로 그것을 기억하고 그것의 여러 부분들을 실행하려고 애쓰고 있습니다. 세상을 바라보는 관점은 무한히 많습니다. 우리에게 주어진 임무는 올바른 관점을 가지고, 그렇게 볼 수 있도록 의식을 통제하여 그것이 현실이 된 것을 내면의 눈으로 보는 것입니다.

우리가 줄거리를 올바르게 조합하여 그것이 현실의 분위기를 취할 때까지 상상 속에서 경험한다면 우리는 의식으로 환경을 창조할 수 있습니다. 이러한 내면에서의 조합은 상상의 활동이며 의식적으로 만들어야 합니다. 우리는 일련의 정신적인 변화를 겪음으로써 이미 존재하는 창조된 세상의 더 넓은 부분들을 인식하게 되고, 우리의 정신적인 활동을 우리가 경험하기 바라는 창조의 부분에 일치시킴으로써 그것을 활동하게 만들고, 부활시키고, 생명력을 불어넣습니다.

제가 언급한 신비한 경험은 세상이 개개인 관찰자의 정신 활동이 현현된 것이라는 점뿐만 아니라 우리의 의식은 영원의 시간 사이에서 이동할 수 있다는 것도 보여줍니다. 무한의 심연은 우리가 가진 어떠한 두 순간도 떼어놓습니다. 우리는 우리 의식의 움직임으로 인해 로스홀의 조각품에 생명을 불어넣습니다.

세상을, 우리가 그곳에서 볼 수 있는 무수히 많은 의식의 상태를 담은 것으로 생각하십시오. 이러한 상태는 하느님의 집에 있는 방이나 저택과 같습니다. 여느 집의 방처럼 그 상태는 모두 고정되어 있습니다. 이제 자신을, 참자아를, 상상의 자아를 하느님의 집에 살고 있고 이리저리 이동할 수 있는 거주자로 생각하십시오. 각 방에는 로스의 조각품이 몇 점씩 있으며, 이미 계획되었지만 아직 작동되지 않은 무한한 줄거리, 드라마, 상황도 그 안에 들어 있습니다. 인간의 상상력이 그곳으로 들어가 결합하게 될 때 그것들은 작동되기 시작합니다.

각 방은 특정한 정신적, 감정적 활동에 해당합니다. 특정한 상태에 들어가기 위해서는 그 상태가 나타내는 생각이나 느낌과 일치해야 합니다. 이러한 상태들은 우리가 경험할 수 있는 무한한 잠재적인 정신적 변화들을 나타냅니다. 또 다른 상태나 저택에 들어가기 위해서는 믿음의 변화가 반드시 필요합니다. 여러분이 바라는 모든 것은 이미 존재하며 여러분의 믿음과 일치되기를 기다리고 있습니다. 믿음과 일치되는 것이 여러분이 소망하는 모든 것에 생명을 부여해 외부의 실체로 만들 수 있는 유일한 조건입니다. **믿음과 상태가 일치할 때, 찾는 것이 보일 것이고, 두드리는 것이 열릴 것이고, 구하는 것을 받을 것입니다.** 들어가서 그 땅을 차지하십시오.

우리가 빠져 들어간 상태에 대해 온전한 믿음이 있을 때 상태의 줄거리, 계획, 드라마, 상황 등이 움직이고 모습을 갖추게 됩니다. 상태는 우리가 세상을 바라보는 집이 되고, 일하는 작업장이 됩니다. 주의 깊게 관찰해보면 외부의 현실이 우리의 상상이 만들어낸 틀을 기반으로 형태를 갖추고 있음을 알 수 있습니다.

따라서 상상력 연습을 해야 하는 까닭도 우리가 감각의 한계에 예속되어 있고, 육체의 옷을 입고 있기 때문입니다. 우리의 아버지는 상상력이 깨어나기를, 다시 말해 그의 아들이 돌아오기를 기다리고 있습니다.

피조물이 허무한 데 굴복하는 것은 자기 뜻이 아니요, 오직 굴복하게 하시는 이로 말미암음이라.

　-로마서 8: 20

하지만 하느님 아들의 승리, 곧 탕자의 귀환은 우리에게 다음의 사실을 알려주고 있습니다.

그 바라는 것은 피조물도 썩어짐의 종노릇 한 데서 해방되어 하느님의 자녀들의 영광의 자유에 이르는 것이니라.

　-로마서 8:21

우리가 생물학적인 경험에 매여 있는 이유는 육체의 허무함과 제약에 종속되지 않고서는, 즉 돌아온 탕자와 같이 아버지의 재산을 탕진하고 방탕에 빠지지 않고서는 상상력이 무엇인지 모르기 때문입니다. 우리는 경험의 잔(cup of experience)을 실험하고 맛봐야만 상상력이 무엇인지 알게 됩니다. 우리가 깨어나서 근본적으로 인생을 상상의 관점으로 보는 자세를 확립하고 기본으로 삼지 않는 한 혼란은 계속될 것입니다.

모든 사람 중에 지극히 작은 자보다 더 작은 자에게 이 은혜를 주신 것은 측량할 수 없는 그리스도의 풍성함을 전하게 하시고, 영원부터 만물을 창조하신 하느님 속에 감추어졌던 비밀의 경륜이 어떠한 지를 드러내게 하려 하심이라.

-에베소서 3:8, 9

여러분 안의 그리스도는 상상력임을 반드시 기억하십시오.

우리 눈에 보이는 세상은 우리가 결합한 특정한 상태에 의해 결정되기 때문에, 실현하고자 하는 이상과 상상력을 결합함으로써 우리의 운명을 스스로 결정지을 수 있습니다. 내가 머물러 있는 의식 상태의 차이가 내 삶의 환경과 모습을 다르게 만듭니다. 대다수의 사람들은 자신의 선택에 의해 하나의 상태를 경험하면서도, 그 상태에서 구원받기를 원합니다.

그 날에 너희는 너희가 택한 왕으로 말미암아 부르짖되 그 날에 여호와께서 너희에게 응답하지 아니하시리라 하니, 백성이 사무엘의 말 듣기를 거절하여 이르되 아니로소이다. 우리도 우리 왕이 있어야 하리니.

-사무엘상 8:18,19

자신이 집중하고자 하는 상태를 현명하게 잘 선택해야 합니다. 모든 상태는 상상력이 결합되기 전까지는 생명력이 없습니다.

책망을 받는 모든 것은 빛으로 말미암아 드러나나니 드러나는 것마다 빛이니라.

-에베소서 5:13

너희는 세상의 빛이라.

-마태복음 5:14

여러분이 동의하는 생각만이 현현됩니다.

자신의 이상을 굳게 유지하십시오. 상상력 외에는 그 무엇도 여러분에게서 이상을 빼앗아갈 수 없습니다. **이상을 생각하지 말고, 이상이 실현된 관점에서 생각하십시오.** 이상이 실현되는 것은 오직 결말의 관점에서 생각할 때뿐입니다.

사람은 떡으로만 살 것이 아니요, 하느님의 입으로부터 나오는 모든 말씀으로 살 것이라.

-마태복음 4:4

여기서 하느님의 입은 사람의 마음을 뜻합니다.

자신이 실현하고자 하는 이상을 먹고 마시는 사람이 되십시오. 확실하고 뚜렷한 목표를 세우지 않으면 여러분의 마음은 이리저리 방황하게 될 것입니다. 마음이 방황할 때 부정적인 의견이나 제안들을 받아들이게 됩니다. 정신적으로 올바르게 산다면 모든 것도 올바르게 됩니다. 정신의 식단(mental diet)을 바꿈으로써 눈에 보이는 사건의 흐름도 바꿀 수 있습니다. 하지만 정신의 식단을 바꾸지 않는 한 자신의 역사는 예나 지금이나 미래나 똑같을 것입니다. 어떤 생각에 동의하느냐에 따라 여러분의 인생이 환해질 수도 어두워질 수도 있습니다. 따라서 어떤 생각에 신경 쓰고 집중하는지가 가장 중요한 문제입니다. **결말의 관점에서 생각하는 것에 집중하십시오.** 만약 세상이 아직 변하지 않았다면 새로운 정신의 식단을 제대로 지키지 않고 있다는 증거입니다. 만약 여러분이 이 사실을 무시한다면 환경만 탓하게 될 것입니다. 새로운 마음가짐을 꾸준히 유지하십시오. 자신이 원하는 생각을 습관적으로 꾸준히 하면 반드시 그 생각을 이룰 수 있습니다. 계속해서 되살리는 생각과 기분이 여러분이 빠져드는 상태를 결정합니다. 그러므로 자신의 소망이 이루어진 느낌을 만끽하는 연습을 자주 하십시오. 이것은 창조의 마법이자, 소망하는 상태와 결합하는 방법입니다.

만약 자신의 소망이 이루어진 느낌을 좀 더 자주 환기한다면 여러분은 운명의 주인이 될 수 있습니다. 하지만 불행히도 여러분은 평상시에 그러한 느낌을 거의 떨쳐버린 채 살고 있습니다. 소망이 이루어진 느낌을 자꾸만 되살리는 연습을 하십시오. 그러한 느낌을 되살린 후에는 책 덮듯이 그냥 덮어버리지 말고 은은한 향수처럼 몸에 지니고 다니십시오. 완전히 잊어버리는 대신에 그 느낌이 자신의 행동과 반응에 자연스럽게 영향을 미칠 수 있도록 기분을 유지해야 합니다. 그러한 기분을 반복해서 느낄 때 중단하거나 제어할 수 없는 가속도가 붙게 됩니다. 그러므로 자신이 즐기는 느낌에 주의하십시오. 일상적인 기분은 여러분이 빠져드는 상태를 드러냅니다.

결말을 생각하는 것으로부터 결말의 관점에서 생각하는 것으로 바꾸는 일은 항상 가능합니다. 중요한 것은 결말의 관점에서 생각하는 것입니다. 그것은 곧 자신의 생각과 그 상태를 하나로 융합하여 그것 자체가 됨을 의미하기 때문입니다. 반면에 결말을 생각하는 것은 주체와 대상, 다시 말해 생각하는 사람과 생각의 대상이 둘로 나누어집니다.

여러분은 소망이 이루어진 상태를 상상해야 합니다. 그 상태와 사랑에 빠지고 그 상태에서 살고 그 상태에서 생각하십시오. 다른 것은 필요 없습니다. 자신의 소망이 이루어진 느낌에 상상력을 집중할 때 결말을 생각하는 것에서 결말의 관점에서 생각하는 것으로 바꿀 수 있습니다.

Chapter 8

The Apple of God's Eye
하느님의 소중한 존재

너희는 그리스도를 무어라 생각하느냐? 그는 누구의 자손이냐?
  -마태복음 22:42

여러분이 위의 질문을 받는다면 "그리스도는 나의 상상력입니다"라고 대답하십시오. 비록

만물이 아직 그에게 복종하고 있는 것을 보지 못하고
  -히브리서 2:8

있지만 이제 곧 내가 그리스도를 잉태할 성모 마리아라는 사실과 결국은 그리스도를 통해 모든 것을 행하게 되리라는 사실을 알고 있습니다.

그리스도의 탄생은 속사람 또는 두 번째 사람이 깨어나는 것

입니다. 또한 자신 내부의 정신적 활동을 인식하는 것인데, 이 내면의 활동은 우리가 그것을 의식할 때나 의식하지 못할 때나 계속 활동합니다.

그리스도의 탄생은 멀리서 어떤 사람을 데리고 오거나 전에 없었던 것을 있게 만드는 것이 아닙니다. 그것은 우리 안에 언제나 존재하는 하느님의 아들을 드러내는 일입니다. **구름을 타고 오시는 주** 라는 표현은 세례 요한이 그 안에서 그리스도가 깨어날 때 자신의 머리 위에서 고동치는 황금색 고리의 물결을 보면서 묘사했던 것입니다. 그리스도는 우리 안에 있기 때문에 내부로부터 오는 것이지 외부로부터 오는 것이 아닙니다.

그리스도가 강림할 때 그는 육신으로 모습을 드러내신 바(디모데전서 3:16절), **너희가 하느님의 성전**(고린도전서 3:16)**이기에 누구든지 그 성전을 깨끗하게 해야 한다**는 이 위대한 신비는 성경의 가장 중요한 미스터리입니다.

하느님의 나라는 너희 안에 있느니라.

-누가복음 17:21

그리스도의 강림은 여러분 존재의 풀리지 않는 미스터리입니다. 우리 안에 작용하는 힘을 의식적으로 이용하고, 상상력을 통해 지혜로운 내면의 대화와 행동을 따르는 교정의 기술을 실천한다면 그리스도는 여러분 안에서 깨어날 것입니다. 이것을 믿는다면 어떤 의심도 품지 마십시오. 그리고 이것을 바탕으로 행동하십시오. 그리스도는 여러분 안에서 깨어날 것입니다. 이것이 바로 그리스도의 강림입니다.

하느님이 육신 안에 나타나는 미스터리는 위대하도다!
-디모데전서 3:16

그리스도의 강림 날부터

너희를 범하는 자는 그의 눈동자를 범하는 것이라.
-스가랴 2:8

THE SEARCH
더 서치

바닷가에서 한적한 시간을 보내고 있었을 때였습니다. 전 완벽한 상태에 대해 명상을 하면서, 제가 바라보는 시선이 너무나 순수해져 어떤 부정한 것도 보이지 않고 모든 것이 순수하게 보인다면, 그래서 어떤 것도 비난하지 않는다면 어떤 모습일지 궁금해졌습니다. 이러한 생각에 강렬하게 푹 빠졌을 때 제 자신이 감각의 어두운 대기 위로 떠오르는 것을 느꼈습니다. 그 느낌이 너무도 강렬해서 제가 마치 공기 육체를 지닌 불덩이처럼 느껴졌습니다. 그리고 그때 죽음과 싸워 이긴 사람들의 찬양 소리와 함께 천국의 합창 소리와 같은 음성이 들려왔습니다.

"그는 깨어났다. 그는 깨어났다."

이것은 저를 두고 한 말이라는 것을 직감적으로 알았습니다.

다음 순간 저는 밤길을 걷고 있는 듯 보였습니다. 그러다가 고대의 베데스다 연못과 같은 장면이 눈앞에 펼쳐졌습니다. 그곳에는 맹인, 절름발이, 노약자와 같이 아픈 이들이 많이 모여 있었습니다. 그들은 그들의 관습처럼 연못이 흔들리는 때를 기다리는 것이 아니라 저를 기다리고 있었습니다. 제가 가까이 다가서자 어떤 생각이나 노력도 하지 않았는데도 미(美)의 마법사가 마법을 부리는 것처럼 그들은 차례대로 변해갔습니다. 눈, 손, 발 등 그들에게 없던 부분들이 보이지 않는 창고에서 나와, 제 안에서 솟아나는 완벽함과 조화를 이루면서 그들을 완벽하게 만들었습니다. 모든 부분이 완벽해졌을 때 기쁨에 겨운 합창 소리가 흘러나왔습니다.

"끝났도다."

그 순간 장면이 사라지고 저는 깨어났습니다.

제가 완벽함이라는 생각에 깊게 집중해서 명상을 했기 때문에 이런 영상이 보였다는 것을 알고 있습니다. 전 명상을 할 때마다 깊이 집중된 상태에 빠져들 수 있었습니다. 그 생각에 완전히 빠져든 나머지 잠시 동안 마음속으로 집중한 것과 하나가 되었고, 그 순간 저와 하나가 된 고귀한 목적은 그와 비슷한 부류인 고귀한 대상들을 끌어당겨서 제 내면의 본성과 조화를 이루는 영상을 만들어냈습니다. 나와 하나가 된 생각은 연상 작용으로 수천 가지의 기분을 일깨우고, 중심생각과 일치하는 드라마를 만들어냅니다.

저는 저의 기분과 제가 바라보게 되는 마음속 영상이 밀접한 관계에 있다는 사실을 일곱 살 때쯤 처음 알았습니다. 폭풍이 몰아치는 무시무시한 바다처럼 제 안에서 요동치는 불가사의한 생명에 대해 알게 되었습니다. 전 제가 이 숨겨진 정체와 합쳐지게 될 시간을 항상 알았습니다. 왜냐하면 저의 모든 감각은 이 방문들을 느꼈기 때문입니다. 그러면 예외 없이 아침이 되기 전까지, 전 그 거대한 것과 홀로 남겨져 있게 되었습니다. 이 방문이 너무도 무서웠기에 완전히 녹초가 되어 눈이 감길 때까지 깨어있는 상태로 누워있었습니다. 마침내 잠에 들어 눈이 감겼을 때 저는 더 이상 혼자가 아니었고, 다른 존재 속으로 흠뻑 빠져들었습니다. 그리고 그 존재가 바로 제 자신임을 깨달았습니다. 그 존재는 어떤 생명보다 더 오래되어 보였고, 그 시절의 저보다도 더 저처럼 느껴졌습니다. 제가 그 당시 밤마다 알게 된 것을 말하려는 이유는 제 생각을 다른 사람에게 강요하려는 것이 아니라 인생의 법칙을 알고자 하는 사람들에게 희망을 주기 위해서입니다.

그 존재를 기대하고 기다리는 기분을 느꼈을 땐 저와 **더 위대한 내**(Greater Me)가 자석처럼 결합했지만 반대로 두려움을 느꼈을 땐 그 존재가 폭풍이 몰아치는 바다처럼 보였습니다. 어린 저는 이러한 신비스러운 자아를 강렬하게 생각했고, 그 존재와 결합될 때 그것의 엄청난 위력을 느꼈습니다. 마치 폭풍이 치는 바다가 잔잔한 파도를 덮치듯 저를 이리저리 굴리고 던졌습니다.

제가 나이가 들어 어른이 되었을 때 저는 그 존재를 사랑으로, 제 자신을 그것의 아들로 여기게 되었습니다. 지금은 그 존재와 결합할 때면 사랑이 저를 감싸안는 것을 느낍니다! 그것은 모든 것을 반영하는 거울입니다. 그것을 어떤 존재로 볼 지는 우리에게 달렸습니다. 저는 그것을 세상의 모든 가닥을 끌어당기는 중심이라고 믿고 있습니다. 그래서 저는 지금 존재하는 모든 것의 유일한 원인에 바탕을 두고 조화를 이룰 수 있도록 제 가치관과 생각을 바꿨습니다. 우리 자신에 대한 관념과 조화를 이루는 환경을 만들어가는 것이 바로 이 변함없는 실체입니다.

이 신비스러운 경험을 통해 우리 자신을 변화시키기 전까지는 외적인 완벽함을 불러낼 수 없다는 사실을 확신하게 되었습니다. 우리 자신을 변화하시키자마자 세상은 마법처럼 우리 눈앞에서 녹아 버리고, 우리의 변화된 모습이 긍정하는 것과 조화를 이루면서 다시 형태를 만들어냅니다.

저는 여러분에게 다음의 두 가지 다른 비전을 말해드리고자 합니다. 이 비전은 우리가 얼마만큼 사랑하고 증오하는지에 따라 우리가 그 모습이 된다는 메시지를 담고 있습니다.

한번은 눈을 감고 "나는 누구인가?"라는 영원한 진리의 질문에 대해 생각하면서 명상을 했습니다. 그러자 감겨진 눈에서는 환한 빛이 흘러나왔고, 제 자신은 점차 흔들리는 빛으로 채워진 무한한 바다로 빠져들면서 저의 상상력은 죽음에 대한 모든 두려움을 초월하고 있었습니다. 이 상태에서 제 자신 외에 아무것도 존재하지 않았습니다. 저는 액체로 된 빛이 흘러넘치는 광활한 바다였습니다. 이때보다 제 자신의 존재가 더 가깝게 느껴진 적은 없었습니다. 얼마나 오랫동안 이 경험이 지속되었는지는 모르겠으나 제가 다시 현실로 돌아왔을 때는 사람의 형태로 다시 결정화되는 느낌이었습니다.

　또 한 번은 침대에 누워 잠을 자듯이 눈을 감고서 붓다의 신비에 대해 생각했습니다. 잠시 후 어두운 동굴 같은 제 머리 속이 환해졌습니다. 마치 제가 제 머리 위에서 고동치는 황금색 고리에서 나온 빛나는 구름에 둘러싸여 있는 듯 보였습니다. 잠시 동안 이 빛나는 고리 외에는 아무것도 눈에 들어오지 않았습니다. 그때 마침, 바로 눈앞에 수정돌이 보였습니다. 가만히 응시하자 수정돌은 산산조각이 났고, 보이지 않는 손이 조각들을 재빨리 살아있는 붓다로 만들었습니다. 명상을 하고 있는 붓다의 형상을 보자 그것이 곧 제 자신임을 알 수 있었습니다. 제가 명상하던 붓다가 바로 저였습니다. 제 자신의 살아있는 형상에서 불빛은 태양처럼 강렬한 빛을 내더니 마침내 폭발하고 말았습니다. 잠시 후 불빛은 점차 희미해졌고 또 다시 저는 어두운 방에 홀로 남겨졌습니다.

　인간보다도 훨씬 막강한 이 존재, 그의 옷, 수정돌, 빛은 도대체 어떤 영역에서, 어떤 형체의 창고에서 나온 것일까? 제가 밤길을 걷고 있다고 생각했을 때에, 그리고 시각장애인, 절름발이, 장애인들이 제 내면의 본성과 조화를 이루어 변화되었을 때에 제가 실제의 존재들이 존재하는 어떤 세상에서 보고 듣고 움직인 것이라면, 제게는 물리적인 육체보다 좀 더 섬세한 육체가 있다고, 즉 물리적 육체를 초월하여 다른 영역에서 사용할 수 있는 육체가 있다고 주장해도 무방할 것입니다. 왜냐하면 보고 듣고 움직이는 것은 (그것이 에텔체라고 말할 수 있는지는 몰라도) 어쨌든 기관의 작용이기 때문입니다. 저의 초자연적인 경험이 그저 제가 만들어낸 환상이라는 말에 제가 수긍을 한다 하더라도, 어쨌든 제가 완전히 깨어있을 때 경험하는 것처럼 사실 같은 드라마를 제 마음 속에서 떠오르게 하는 이 위대한 존재에 놀라지 않을 수 없습니다.

저는 이러한 불꽃 같이 강렬한 명상의 경험 속으로 반복해서 들어갔고 두 가지 영상 모두 진실이라는 점을 확신하게 되었습니다. 빛의 세상에 조율된 몸은 지구의 형체 안에 자리하고 있지만, 제가 강렬한 명상을 하게 되면 전 마치 자석처럼 이 육신의 어두운 집의 두개골을 통해 그것을 고양시켰습니다. 제 안의 불을 맨 처음 깨웠을 땐 머리가 터져나가는 줄 알았습니다. 두개골 밑 부분이 너무나 강하게 흔들려서 갑자기 아무것도 기억이 나지 않았습니다. 다음 순간 저는 빛이 감도는 옷을 입었고, 저와 침대 위에서 자고 있던 몸은 은빛 고무줄에 연결되어 있었습니다. 그때 느낌이 너무나도 황홀해서 제가 마치 하늘의 별과 통하는 느낌을 받았습니다. 그 옷을 입고 저는 땅보다도 훨씬 더 익숙한 공간을 돌아다녔습니다. 하지만 그곳의 환경 역시 지구에서처럼 저의 본성과 조화를 이루고 있었습니다. 여러분이 이것을 제가 만들어낸 환상이라고, 그저 이 세상에 존재하는 대상을 떠올린 것에 지나지 않는다고 말할 수도 있습니다.

저는 제 자신을 인간으로 여기는 불멸의 존재이며, 나 자신에 대한 관념에 따라, 혹은 그와 비슷한 모습으로 세상을 만들고 있습니다.

우리는 상상하는 대로 됩니다. 상상력을 통해 우리는 삶이라는 꿈을 창조했고, 상상력을 통해 우리가 세상을 상상하기 전의 존재가 되면서, 영원한 빛의 세계로 다시 들어가게 될 것입니다. 신의 질서 안에서는 아무것도 잃는 것이 없습니다. 오직 사물이 그 본연의 생명을 가지고 있는 영역에서 우리가 내려오는 것 외에는 그 어떤 것도 잃지 않습니다. 죽음에는 뭔가를 변화시키는 힘이 없습니다. 우리가 여기에 있든 죽음 이후의 세상에 있든, 우리는 얼마만큼 상상하고 느끼는가에 따라 주변 세상을 만들어냅니다. 그리고 자신을 어떤 식으로 인식하는지에 따라 우리 삶은 환해지기도 어두워지기도 합니다. 자신에 대한 관념보다 우리에게 중요한 것은 없습니다. 특히 우리 안에 깊숙이 숨어있는 존재를 어떻게 보고 있는지가 중요합니다.

우리를 돕거나 방해하는 사람들은 본인들이 아는지 모르는지 간에 **우리의 내면에 따라 외부 환경을 만드는 법칙**에 종속된 하인들입니다. 그들이 우리를 자유롭게 하거나 제약하는 것이 아니라, 오직 우리가 지닌 우리 자신에 대한 관념이 결정을 합니다. 우리 주변에 나타나는 사람과 환경은 그 목적을 달성하기 위해 쓰이는 매개체일 뿐입니다.

삶은 우리의 마음 속 상태를 비춰주기 위해서 외부 세상을 만들기 때문에 우리 자신을 바꾸지 않고서는 우리가 추구하는 외부적인 완벽함을 불러낼 수 없습니다. 외부에서는 도움을 받을 수 없습니다. 눈을 들어 바라볼 수 있는 언덕도 우리의 마음속에 위치한 공간입니다. 유일한 현실에 관해 우리가 눈을 돌려야 하는 곳은 오직 우리의 의식뿐입니다. 그곳이 모든 현상의 근원을 설명해줄 수 있는 유일한 기반입니다. 우리의 본성에 부합되는 것만 스스로에게 주기 위해서는 누구에게도 예외 없이 적용되는 이 법칙을 따라야 합니다.

자신에 대한 관념을 바꾸기 전에 세상을 바꾸려고 하는 것은 자연의 섭리와 어긋난 투쟁입니다. 내면의 변화 없이는 외부의 변화도 있을 수 없습니다. *"내부에서와 같이, 외부에서도."* 자신이 소망하는 변화를 불러오기 위해서는 물질적인 방법과 물질적 이론을 따르는 대신 위대한 정신적인 영역에 살면서 우리가 원하는 바가 이미 이루어졌다고 상상해야 한다고 말하는 것이 도피적 자세를 의미하는 것은 결코 아닙니다. 의식의 변화가 동반

되지 않은 채 하는 일들은 모두 그저 겉모양만 바꾸는 무의미한 행동입니다. 애를 쓰든 투쟁을 하든 우리는 잠재의식이 긍정한 것만 받을 수 있습니다. 우리에게 일어나는 일에 대해 불만을 품는다는 것은, 법칙과 운명의 자기지배권을 부정하는 태도입니다.

삶의 환경은 우리가 우리자신을 어떻게 보는가와 밀접한 관련이 있습니다. 우리의 영혼은 마법의 창고 같은 우리 존재 속에 살고 있으면서 그것에 따라 그 모든 걸 만들어냅니다. 우리가 지금의 환경 속에서 고통을 느끼고 있다면 그 이유를 우리 안에서 찾아야 합니다. 왜냐하면 우리는 우리자신에 대한 관념에 맞춰 이리저리 움직이고 살도록 만들어졌기 때문입니다.

강렬한 명상은 우리가 대상으로 삼은 것과 우리를 하나로 만들 수 있습니다. 그러면 그 순간, 우리는 그 의식의 변화에 맞춰진 영상을 보고, 경험하고, 행동합니다. 이것은 의식이 변하면 주변 환경과 우리의 행동이 변한다는 사실을 보여줍니다. 하지만 우리가 일상적으로 하나의 의식 상태에서 다른 의식 상태로 옮겨갈 때 겪는 변화는 진정한 변화가 아닙니다. 왜냐하면 그렇게 변화했다가 이내 금방 본래의 상태로 빨리 되돌아가기 때문입니다. 변화된 상태가 그것과 경쟁적인 이전의 상태를 확실히 안정적으로 물리칠 정도가 되었을 때, 즉 변화된 상태가 우리의 가장 습관적인 상태가 되었을 때, 그때 그 상태는 우리의 모습을 결정하게 되고, 우리는 그것을 진정한 변화라고 말할 수 있습니다. 우리가 변화했다는 말은 우리의 의식 속에서 중심으로 자리 잡지 못하던 생각들이 이제는 우리의 습관적인 생각이 되어 자연스러운 에너지의 중추가 되었음을 의미합니다.

폭력적인 감정이 정신적인 평화를 얼마나 심하게 흔들어놓는지 우린 전쟁이란 행위를 통해 알 수 있습니다. 전쟁이 끝난 후에는 물질주의와 탐욕의 시대가 오면서, 전쟁의 명분으로 말하던 이상은 슬며시 모습을 감춥니다. 전쟁은 증오를 불러일으키고, 증오는 의식을 이상적인 상태에서 투쟁의 상태로 떨어뜨리기 때문에 이 현상은 불가피합니다. 싫어하는 대상에 감정적으로 반응했던 것처럼, 좋아하는 이상에 반응한다면 증오의 차원으로 내려온 것과 같이 이상의 차원으로도 올라갈 수 있습니다.

사랑과 증오는 뭔가를 변화시키는 마법과 같은 힘을 가지고 있습니다. 그래서 우리는 이러한 감정을 잘 조율하여 우리가 생각하는 것과 비슷한 모습으로 변화될 수 있습니다. 증오의 감정이 클수록 적이 가진 특성을 우리 안에 만들어냅니다. 우리가 주의를 기울이지 않을 때에야 그런 특성들은 사라집니다. 따라서 바람직하지 않은 상태들은 재 대신 화관을, 애도 대신 기쁨을 상상함으로써 없애버릴 수 있습니다. 우리가 빠져 나오고 싶은 상태를 직접적으로 공격하기보다는 그렇게 원하는 것에 집중하는 편이 훨씬 효과적입니다. 우리는 우리의 마음이 받아들인 대상이 되기 때문에, 무엇이든 훌륭하고 긍정적인 대상에 집중을 해야 합니다.

오직 우리 자신에 대한 인식을 바꾸어야 합니다. 우리들 각자는 다른 얼굴과 다른 모습을 하였지만 단일한 하나의 존재입니다. 우리가 잠에 들어 꿈을 꿀 때면 여러 가지 존재들이 나타나서 마치 분리된 존재가 있다는 느낌을 받는 것처럼, 외견상의 분리만 존재할 뿐입니다. 꿈에서 보는 영상과 환경은 우리의 상상력이 만들어낸 존재이고, 우리 안에서만 존재합니다. 우리가 이 꿈과 같은 삶에서 보는 그림과 환경도 마찬가지입니다. 그것들은 우리가 우리 자신을 어떻게 보는지에 따라 나타납니다. 자아를 바꾸는 순간 우리의 세상은 녹아서 사라지고 변화된 자아가 받아들인 것에 맞춰 다시 재형성됩니다.

이 우주는 꿈입니다. 우리가 관심을 갖고 연구하는 이 우주는 바로 꿈입니다. 우리는 그 꿈을 꾸는 자, 정확히 말해 잠깐의 꿈을 꾸는 '꿈꾸는 영원한 자'입니다. 언젠가 네부카드네자르(Neebuchadnezzar)[7]처럼 우리도 꿈에서 깨어날 것입니다. 악마와

---

7. 바빌론의 왕. 어느 날 네부카드네자르는 조각상이 나오는 이상한 꿈을 꾸었다.. 머리는 순금, 가슴과 두 팔은 은, 배와 넓적다리는 청동, 종아리는 쇠, 발은 쇠와 진흙이 섞인 재료로 만들어진 묘한 조각상이었다. 왕은 왕궁의 마술사들에게 그 꿈을 해석하면 큰 상을 내릴 것이고 해석하지 못하면 사지를 찢어 죽이겠다는 엄명을 내렸다. 그러나 그들은 꿈을 해석하지 못했다. 그때 다니엘이라는 청년이 나서서 꿈을 해석했다. 순금의 머리는 네부카드네자르 자신이며, 은, 청동, 쇠, 진흙은 후대에 왕국이 지금만 못하게 되리라는 것이었다. 네부

싸웠던 바로 그 악몽에서 깨어날 것입니다. 그리고 꿈속이 아니고서는 우리의 영원한 집에서 떠난 적도, 태어난 적도, 죽은 적도 없다는 사실을 알게 될 것입니다.

카드네자르는 다니엘의 해석에 크게 기뻐하고 그의 앞에 엎드리며 그의 신을 찬양했다. 하지만 왕의 호의는 오래가지 않았다. 그는 궁전 바깥에 금으로 자신의 대형 조각상을 만들어 세우고, 모든 사람들에게 엎드려 숭배하라고 명했다. 네부카드네자르는 다시 불가사의한 꿈을 꾸었다. 커다란 나무가 그늘을 드리우고 있는데 하늘에서 내려온 '거룩한 자'가 과일을 따는 꿈이었다. 다니엘이 또 꿈을 해석했다. 네부카드네자르는 장차 왕위를 잃고 짐승처럼 황야에 살면서 소처럼 풀을 뜯어먹게 되리라는 것이었다. 1년 뒤 엄청난 규모의 건축 사업이 진행되는 도중에 그 꿈은 현실이 되었다. 왕은 왕궁에서 쫓겨나 황야에서 살았다. "머리털이 독수리 털과 같이 자랐고 손톱은 새 발톱과 같이 되었더라"(다니엘 4:33). 몇 년 뒤 왕은 제 정신을 되찾고 신에게 감사하며, 자신의 오만을 인정했다. 이 장면을 끝으로 네부카드네자르는 성서에서 사라진다.

AUDIO LECTURES
네빌고다드 음성강의

LECTURE 1 The Unalloyed 순수함

LECTURE 2 The Power 더 파워

LECTURE 3 Feel After Him 상상속에서 구하라

THE UNALLOYED
순수함

여호수아가 이스라엘 백성들에게 말하길

그런데도 불구하고 너는 왜 하느님과 우상 사이에서 갈등하며 머뭇거리느냐? 너희 섬길 자를 오늘 택하라. 오직 나와 내 집은 여호와를 섬기겠노라!
하니 이스라엘 백성들이 대답하여 말하기를

우리는 여호와를 섬기겠나이다.
그리고 다시 여호수아가 그들에게 말하니,

너희가 여호와를 택하고 그를 섬기리라 하였으니 스스로 증인이 되었느니라.

이스라엘 백성들이 대답하기를, '우리가 증인이 되었나이다.'

(여호수아 24:15-16)

오늘 강연의 주제는 '순수함'입니다.

우리는 '순수함'이라는 것이 아무것도 섞이지 않은 완전한 상태를 의미한다는 것을 잘 알고 있습니다. 여러분과 제가 찾고 있는 것이 바로 그것입니다. 아무것도 섞이지 않은 완벽한 상태 말이죠.

우리가 지금 이 강연을 통해 하고 있는 작업은, 현재의 상태에서 다른 상태로 가는 탈출구를 만드는 일입니다. 그리고 현재의 상태에서 다른 상태로의 탈출은 우리가 이스라엘의 하느님을 완전히 받아들일 때 시작됩니다.

한 상태에서 다른 상태로 옮겨가는 탈출의 여정이 그것을 시도하는 사람들에게 길게만 느껴진다면 그것은 이스라엘의 하느님을 받아들인 그의 자녀들이 그 하느님의 시제를 지키지 못하기 때문입니다.

여기서 말하는 이스라엘의 하느님이란 'I AM'을 말하며, 그것은 불멸의 이름입니다. 그러므로 내가 받아들인 하느님 'I AM'을 현재시제로 지켜내기 어렵다고 생각한다면 지금의 상태에서 원하는 상태로 옮겨가는 여러분의 여정은 길게 느껴질 것입니다.

여기 우리는 지금의 현실에서 우리가 원하는 어떤 다른 현실, 지금의 상태와는 완전히 다른 상태로 옮겨가고 있는 중입니다. 그 여행은 또한 우리가 이스라엘의 하느님(I AM)을 완전히 받아들일 때 시작됩니다.

여기 모인 여러분뿐만 아니라 사람들 모두, 과거에 어떤 일을 했었는지 얼마나 착하고 멋진 인간인지는 상관없습니다. 내가 선택한 신 'I AM'을 받아들이지 못한다면 그 누구도 지금 상태에서 자신이 원하는 상태로 옮겨가기 어렵습니다.

이제 여러분은 이 사실을 여러분 고유의 어떠한 상태에도 적용할 수 있습니다. 지금 여러분과 저는 원하지도 않는 현실, 하찮고 대수롭지 않은 상태에 묶여 있을지도 모릅니다. **우리를 하찮고 대수롭지 않은 것에 묶어둔 것은 우리의 의지가 아니라 어쩌면 우리를 그곳에 묶어두고 우리가 스스로 그곳에서 탈출할 것이라는 희망을 가진 어떤 분의 의지가 아닐까** 생각해봅니다. 그것이 누구의 의도였는지는 사실 중요하지 않습니다. 그것이 누구의 의도였든 우리는 이 오래된 관습의 고리를 끊고 우리의 본 모습인 하느님의 자녀가 되는 영광스러운 자유를 누려야 합니다. 그것이 우리의 소망입니다.

이렇게 우리가 원치 않는 것들에 매여 있는 동안 그곳에서의 탈출을 원한다면 우리의 소망을 따라가야 합니다. 다시 말하자면 우리를 이렇게 현실에 옭아매고 시야에서 사라져 우리 안으로 들어와 자리를 차지하고 앉은 '어떤 분'을 찾아야만 합니다. 그분은 아무것도 섞이지 않은 순수 그 자체입니다.

여인에게서 태어난 자식들 누구라도 하느님의 도움 없이는 그에게 주어진 삶의 문턱을 넘지도 못할 것이더라.

성경에서는 이 하느님을 예수의 피로 표현하였습니다. 그리고 세상은 우리의 삶이 피에 적셔진 삶이라고 말해주었습니다. 이 이야기에 동의할 필요는 없습니다. 언젠가 우리, 사람이라는 선악과 나무들은 -우리들은 모두 선과 악을 동시에 가지고 있는 나무입니다- 위로부터 아래로 쪼개져서, 그 안에 갇혀있던 영혼이 자유롭게 되는 것을 보게 될 것입니다. 우리 모두는 결국 이것을 깨닫게 될 것입니다. 그러기 위해서 우리는 이스라엘의 하느님을 완전히 받아들여야만 합니다.

우리가 받아들여야 할 이스라엘의 하느님, 그것은 아주 간단합니다. 'I AM' 입니다.

여러분은 복잡하게만 보이는 이 세상에서 이스라엘의 하느님(I AM)을 따라 여러분이 있는 '현재의 이 상태'로부터 여러분이 이루고 싶은 '어떠한 상태'까지 가기 위한 여정을 당장 지금부터 시작할 수 있습니다. 이것을 다르게 말해보겠습니다. 여러분은 지금의 여러분이 어떤지 알고 있을 것이며 무엇이 되고 싶은지도 알고 있을 것입니다. 이때 여러분이 되고 싶은 것으로 옮겨 가기만 하면 됩니다. 여러분이 된 것처럼 흉내를 내라는 말이 아닙니다. 단순하게 "나는(I AM) 이미 그것이다"는 것을 사실로 받아들이면 됩니다. "나는 그것이다" 혹은 "나는 그/그녀이다." 어떤 명제라도 좋습니다. 여러분이 실제로 되고 싶은 그것이 되었다는 것을 사실로 가정하고 잠에 들면 됩니다. 이러한 상태로 잠에 든다면 사실로 가정한 여러분의 상태를 만족시켜줄 여러 가지 사건의 다리들을 건너게 될 것입니다.

그러나 만약 여러분이 원하는 상태가 이미 되었다는 '현재시제'를 잊고 미래시제로 "나는 그렇게 될 거야"라든지 혹은 과거시제로 "나는 그렇게 되었었지"라고 생각한다면 여러분이 원하는 상태로 가는 여정을 험난하고 길게 만들 것입니다. 여러분이 소망하는 상태로 가는 여정이 길게만 느껴지는 이유는 단 한 가지, 여러분이 찬양하기로 약속한 하느님을 (여러분이 원하는 상태) 현재 상태로 지켜내는 것이 힘들기 때문입니다.

저는 절박한 이스라엘의 사람들, 즉 여러분에게 이렇게 말씀드리겠습니다. 저는 이 자리에서 여기 모인 모든 하느님들에게 묻고 싶습니다. 즉 여러분의 I AM들 앞에서 이렇게 묻고 싶습니다.

"여러분은 언제까지 세상의 다양한 의견들 사이에서 절뚝거릴 작정입니까?"

"언제까지 이렇게 고민할 작정입니까?"

"만약 하느님이 유일한 신이라면 그를 따라야 하는 것 아닙니까?"

"만약 하느님이 여러분에게 도움이 된다면 당연히 그를 따라야 하는 것 아닙니까?"

여러분은 유일한 하느님, 이스라엘의 하느님을 선택했습니다. 그렇다면 세상 사람들의 의견들 사이에서 절뚝거리는 것을 그만두십시오. 여러분이 어떠한 한 가지 관점으로 세상을 보는 것을 선택하였다면 그것과 다른 의견들은 무엇이라도 외면해야 합니다. 다시 설명하자면 이 세상에 일어나는 모든 일은 여러분 고유의 상상력 안에서 일어나는 것일 뿐 우연하게 벌어지는 것은 없습니다. 삶은 우연을 일으키지 않습니다. 모든 일은 오직 여러분의 상상력 안에서 일어난 원인이 세상에서 결과로 나타난 것입니다.

여러분은 항상 빛나는 찬란한 존재입니다. 언제까지 세상 안에 풀어놓은 여러 가지 견해들 사이에서 절뚝거릴 작정입니까? 여러분의 절대자가 하느님이라면, 여러분의 구원자가 하느님이라면 그 하느님을 선택하십시오.

여러분의 이해를 돕기 위해 여호수아 24장을 읽어드리겠습니다.

여호수아가 이스라엘 백성들에게 말하길 '그런데도 불구하고 너는 왜 하느님과 우상 사이에서 갈등하며 머뭇거리느냐? 너희 섬길 자를 오늘 택하라. 오직 나와 내 집은 여호와를 섬기겠노라' 하니 이스라엘 백성들이 대답하여 말하기를 '우리는 여호와를 섬기겠나이다.' 그러자 여호수아가 그들에게 말하니, '너희가 여호와를 택하고 그를 섬기리라 하였으니 스스로 증인이 되었느니라.' 이스라엘 백성들이 대답하기를, '우리가 증인이 되었나이다.'

(여호수아 24:15-16)

자, 이제 여러분은 하느님을 선택했습니다. 이제부터 여러분이 선택한 이스라엘의 하느님을 따라 현재 상태에서 여러분이 원하는 다른 상태로 가는 탈출의 여정이 시작된 것입니다. 여러분의 현재 의식에서 여러분이 세상에 비추어내고 싶은 의식으로 옮겨가는 과정이 시작됐습니다.

여러분이 이스라엘의 하느님 - I AM이라는 이름을 가진 이스라엘의 하느님 - 을 따르고 섬기기로 결정한 후에도 그분을 현재 상태로 받아들이는 것이 어려울 수 있을 것입니다. "나는 내가 되기로 결정한 그 사람이다"는 것을 매일 밤 잠들기 전 사실로 받아들이는 대신 어쩌면 여러분은 "나는 그렇게 될 것이다"는 희망만을 간직한 채 잠에 들지도 모릅니다. 이렇게 한다면 원하는 그 모습이 되는 시간을 늦출 뿐입니다. 어쩌면 여러분은 이러저러한 다양한 믿음들을 가진 상태에서 잠에 들지도 모릅니다. 그렇더라도 여러분은 여러분의 하느님을 선택했음을 잊지 말아야 합니다. 여러분은 반드시 여러분이 할 수 있는 가장 최상급의 믿음으로 여러분이 선택한 하느님의 충실한 자녀가 되어야 할 것입니다.

오늘밤 여러분은 여러분이 원하는 어떤 것이든 여러분이 선택한 이스라엘의 하느님으로부터 취해서 그것에 믿음을 유지하십시오.

혹시 오늘 이 자리에 참석한 분 중에 독실한 믿음을 가진 유태인이 있다면 어쩌면 "나는 태어날 때부터 이미 이스라엘의 하느님을 섬겨왔다"고 생각할지도 모르겠습니다. 제 말을 오해하지 말고 들어주십시오. 여러분은 잘못된 선택을 했습니다. 여러분의 모태신앙인 이스라엘의 하느님은 크리스천 개념의 신일 뿐 제가 오늘 이 자리에서 말하고자 하는 이스라엘의 하느님과는 완전히 다릅니다.

제가 거듭 강조한 이스라엘의 하느님, 그 신은 언제나 여러분과 함께 있습니다. 여러분이 어디에 있든 무엇을 하든 누구와 함께 있든 여러분과 함께 있습니다. 이스라엘의 하느님은 다름 아닌 바로 여러분의 고유한, 오직 여러분의 것인 상상력이기 때문입니다. 여러분의 상상력이 곧 하느님입니다. 여러분의 상상력이 바로 이스라엘의 하느님입니다. 여러분은 하느님을 선택했고 그 하느님이 여러분의 삶을 인도하도록 했습니다.

이제 오늘밤 여러분은 여러분이 진심으로 원하는 바를 알아야 합니다. 그리고 그것이 무엇이든 사실이라고 받아들인 상태에서 잠에 드십시오. 여러분의 소망은 스스로 그것들을 펼쳐내어 여러분의 세상 안에 나타나게 될 것입니다.

그것이 된 척, 그것을 가진 척 하지 마십시오. 그런 거짓된 상태는 여러분의 소망이 다가오는 것을 지연시킬 뿐입니다. "나는 언젠가 그렇게 되어있을 거야!" 이런 상태로 잠에 드는 것이 아닙니다. 그런 것은 여러분의 소망을 이루는 데에 전혀 도움이 되지 않습니다. 여러분의 소망은 "나는 그것이다. 나는 그 상태이다"고 선언할 때 이루어집니다.

제가 지금 말씀드리고 있는 것을 직접 시험해보십시오. 멋진 내일의 하루가 시작되기 전 여러분의 소망이 이루어진 상태를 사실로 받아들이십시오.

우리 모두는 멋지고 훌륭한 태초의 나무들입니다. 저는 이것을 확실히 보았습니다. 제가 이것을 보기 전까지는 제가 좋아하는 윌리엄 블레이크의 시를 이해하기 어려웠습니다. 그의 시에는 이런 구절이 있습니다.

**현재, 과거, 미래를 보는 시인의 목소리를 들어라!
그의 귀는 듣고 있다, 태초의 나무들 사이를 거닐던 거룩한 말씀을.**

(블레이크의 시 SONGS OF EXPERIENCE 중에서)

저는 이 시에 투영된 멋진 이 세상 그리고 그것을 뒤덮고 있는 수많은 태초의 나무들을 보았습니다. 그리고 마가복음 8장의 의미 또한 알게 되었습니다.

**장님이 눈을 뜨자 예수께서 물으시니, '무엇이 보이느냐?'
눈을 뜬 자가 말하기를 '사람 같은 나무들이 걷는 것처럼 보이나이다.'**

이 두 가지 비유법이 저에게는 마치 우리 모두는 태초의 나무와 같은 상태로 태어났으나 이러한 상태로는 하느님에게 돌아갈 수 없다는 뜻처럼 느껴졌습니다. 나무와 같은 상태로는 하느님에게 돌아갈 수 없다는 것은 죽음을 뜻합니다. 완벽히 죽어버리는 것이지요.

태초에 하느님이 저와 여러분 안에 그 자신을 심어놓은 이유를 우리는 아직 알 수 없을지도 모릅니다. 하느님은 그 자신을 저와 여러분 안에 가두어 놓고 고난의 풀무 불로 시련했습니다. 여러분의 이해를 돕기 위해 이사야 48장을 읽어드리겠습니다.

보라, 내가 너를 연단하였으나 은처럼 하지 아니하고 너를 고난의 풀무 불에서 택하였노라. 풀무 불로 시련하였노라.

(이사야 48:10)

나는 나를 위하여 이를 이룰 것이라. 어찌 내 이름을 욕되게 하리요. 내 영광을 다른 자에게 주지 아니하리라.

(이사야 48:11)

이렇게 하느님은 그 자신을 우리에게 내어주고 풀무 불로 시련했습니다. 여러분! 여러분과 저, 바로 우리가 아무것도 섞이지 않은 순수함 그 자체입니다. 우리 모두는 순수한 금과도 같은 존재, 하느님의 피가 흐르는 나무입니다. 우리 인간이라는 나무들은 결국 위로부터 아래로 쪼개지게 될 것이고, 그 안에 갇혀있던 영혼은 자유롭게 될 것입니다. 여러분이 직접 이 광경을 목격하게 되는 날, 이 의미를 정확히 깨닫게 될 것입니다. 여러분은 쪼개진 나무 안에서 동그란 공 모양으로 흐르는 황금빛을 보게 될 것이며 그때 여러분은 "저것이 바로 나라는 것을 알고 있었다"고 깨닫게 될 것입니다.

나의 신성하고 거룩한 창조자이시며 구원자시여.

이러한 깨달음과 함께 여러분은 찬란히 빛나는 빛과 하나가 되어 가장 높은 곳으로 들어올려질 것입니다. 여러분이 상상할 수 없는 가장 높은 곳으로 말이죠. 여러분은 감히 한계 지을 수도 없는 저 높은 곳으로 하느님의 피를 상징하는 황금색 빛과 하나가 되어 들어올려질 것입니다.

하지만 그 날이 오기 전까지는 우리가 있는 현실에서 한 가지의 법칙이 적용됩니다. 사실 어떠한 차원의 현실이든 기본 원리는 같습니다. 여러분이 처해있는 현실의 출구를 열고 옮겨가고 싶은 현실의 입구를 직접 만드는 작업은 여러분이 이스라엘의 하느님을 얼마만큼 받아들일 수 있느냐에 달려 있습니다. 여러분이 받아들여야 할 그 이스라엘의 하느님은 바로 'I AM' 입니다. 저는 그분을 어떤 다른 이름으로도 부르지 않겠습니다. 그저 'I AM'일 뿐입니다. I AM Neville. I AM Mary. 이런 것들은 하느님의 이름이 아닙니다. 하느님의 이름은 바로 순수하게 'I AM' 입니다. 물론 그 I AM 뒤에 어떤 것이라도 붙일 수 있습니다. I am healthy, wealthy, known, unknown, 즉, 나는 건강하다, 나는 부자이다, 나는 유명하다, 나는 알려지지 않았다. 어떤 것이든 붙일 수 있습니다. 이러한 상태는 내가 얼마만큼 이스라엘의 하느님을 받아들일 수 있느냐에 따라 결정됩니다. 그러면 제가 I AM 뒤에 받아들인 그 상태에 생명력을 부여하게 됩니다. 비유를 하자면 I AM에 가면을 씌워 그것을 향해 행동하게 만드는 것입니다. I AM은 행위자이며, 그것이 무언가를 사실로 받아들이는 것은 그 대상을 밖으로 꺼내 살아 움직이게 하는 것입니다.

그러므로 저는 제가 원하는 어떠한 상태를 사실이라고 가정합니다. I AM 뒤에 제가 원하는 것으로 붙입니다. 그러면 저는 고양되어 제가 사실이라고 가정한 저의 상태를 만족시켜줄 사건의 다리들을 건너게 됩니다. 이것이 하느님의 행동이며 하느님의 진실입니다. 여러분이 지금의 현실에서 원하는 현실로 옮겨가게 되었을 때 진정한 하느님을 발견하게 될 것입니다. 이 모든 것은 여러분의 상상의 힘에 달려있습니다. 여러분 모두는 하느님입니다. 여러분은 하느님이지만 그 사실을 모르고 있습니다. 그래서 그 하느님을 '현재시제'로 지켜내는 것을 어려워합니다.

사실 대부분의 사람들은 시간을 전제로 과거, 현재, 미래를 나누어서 생각을 합니다. 그래서 우리는 과거의 시간, 미래의 시간을 우리의 외부, 우주의 어느 곳엔가 존재하는 것이라고 생각해 버립니다.

어찌되었든 오늘의 주제인 '순수함'을 한 가지의 단순한 상태로 정리해보겠습니다. 바로 'I AM'입니다. 그것은 어떤 것과도 섞이지 않았습니다. 그것은, I am an American, I am a Russian, I am a white man, I am a negro (나는 미국인입니다 나는 러시안입니다 혹은 나는 백인입니다 흑인입니다)라는 것을 뜻하지 않습니다. 뒤에 조건이 붙어 있지 않은, 그저 순수한 'I AM'입니다. 그것이 저와 여러분의 하느님입니다.

만약 어떤 러시아인이 자신이 'I AM'인 것보다 러시아인인 것을 자랑스러워한다면 어쩌면 사람들은 그 러시아인의 애국심에 감탄할지도 모르겠습니다. 그러나 저는 우리, 약 190억 명의 미국인 전부에게 이렇게 묻고 싶습니다. 우리는 우리 자신이 구세주라는 것보다 미국인인 것이 더 자랑스러운 일입니까? I AM, 그것이 바로 구세주입니다. 우리는 우리 스스로가 구세주라는 것보다 우리가 백인이라는 것이 더 자랑스럽습니까? 우리는 우리 스스로가 구세주라는 것보다 -여러분께서 무엇이든 말씀해 보십시오. 어떤 자랑거리든 좋습니다- 그것이 더 자랑스럽습니까? 구세주, 구원자, 메시아는 바로 I AM입니다!

저는 오늘 한 통의 편지를 받았습니다. 정갈한 글씨의 편지였지만 보내는 이의 이름이 없었고 망설이는 듯한 내용이었습니다. 만약 그 편지를 보낸 분이 오늘 이 자리에 있다면 지금 이 자리에서 답장을 드리겠습니다. 편지에는 제가 지난 일요일에 했던 강연이 자신을 아주 혼란스럽게 만들었다고 적혀 있습니다. 그리고 자세한 설명과 함께 이 나라가 완전히 안에서부터 타락하고 있는 중이라고 덧붙였습니다.

만약 이 편지를 보낸 분이 오늘 이 자리에 있다면 저는 이렇게 답장을 드리겠습니다. 당신의 상상력이 현실을 만들어냅니다. 이 명제는 그분에게 편지로 설명하든 직접 저와 이야기를 하든 혹은 어떠한 방법을 쓴다 해도 달라지지 않습니다. 당신은 이것이 사실이 아니라고 증명할 수 없습니다. 저를 직접 만난다 해도 우리가 상상력 밖에서 일어나는 어떤 것을 객체화시킨 대화란 불가능합니다. 어떤 곳에서든지 우리의 상상력 밖에서 일어난 것이 세상에 모습을 드러낼 수는 없습니다.

다시 한 번 말씀드리지만 상상력이 현실을 만듭니다. 이 세상에 허구란 존재하지 않습니다. 제가 지금 이 자리에 앉아서 눈에 보이지 않는 어떤 사실을 상상하기 시작하고 기다리면서 이스라엘의 하느님에 대한 믿음을 유지합니다. (이스라엘의 하느님은 I AM입니다) 만약 제가 발견한 이스라엘의 하느님이 어떠한 한계도 없으며 모든 것이 가능하다는 것을 정말 알고 있다면, 상상력에 대한 믿음을 유지한 후에 제가 할 것이라고는 기다리는 것뿐입니다. 그러면 제가 했던 상상은 그 모습 그대로 저의 세상 안에 모습을 드러낼 것입니다.

당신이 저에게 길고 자세한 설명이 담긴 깨끗한 필체의 편지를 쓸 때에 이름도 적지 않은 것으로 보아 어쩌면 이 편지를 쓰면서 망설이고 있었던 것은 아닐까 합니다. 편지에는 망설임의 흔적이 보였습니다. 그렇다면 당신이 해왔던 경험들을 저와 나누었으면 합니다. 제가 지난 일요일에 강연했던 내용 중 어떤 부분이 당신을 혼란스럽게 했는지 저는 모르겠습니다. 저는 그저 하느님의 창조의 힘에 대해 설명 드리고자 했을 뿐입니다.

이것에 대해서는 성경에서도 구원자 예수라는 이름으로 기록되어 있습니다. 구원자 예수라는 것은 어떤 의미를 의인화시킨 것일 뿐이나 사람들은 그것을 실존 인물로 받아들여 그를 믿으며 잠에 들곤 합니다. 그를 닮았다는 작은 조각품을 만들고 십자가를 벽에 걸어놓거나 초상화를 그려 벽에 걸고는 그것을 구세주라고 생각합니다. 아닙니다. 그것은 구세주가 아닙니다. 구세주는 하느님의 창조의 힘이자 지혜입니다. 성경의 내용이 거짓이라는 말이 아닙니다. 성경은 바르게 쓰였습니다. 단지 성경의 내용이 마음을 비유했다는 것이 알려지지 않았을 뿐입니다. 성경은 하느님의 창조의 힘에 대한 특성과 능력을 의인화 하여 비유적으로 쓴 책입니다.

성경의 인물을 찬양하지 마십시오. 실존인물이 아닙니다. 구세주 예수는 여러분 안에 있습니다. 여러분 안에 있는 메시아는 **영광으로 이르는 희망이며 수세기 동안 세대를 걸쳐 숨겨져 온 신비**입니다.

여러분 안에 있는 구세주가 희망이며 영광이라고요? 맞습니다. 그렇다면 그는 도대체 여러분 안 어디에 있다는 것일까요? 바로 여러분의 상상할 수 있는 능력입니다. 상상력이 바로 그분입니다. 이 세상 모든 일이 그분에게는 가능할까요? 맞습니다. 하느님이기 때문입니다. 그렇다면 당장 그분을 시험해본 후에 어떤 일이 일어나는지 지켜보십시오. 여러분의 상상력을 시험해보고 제가 말씀드린 그 하느님이 진실인지 아닌지 지켜보십시오.

I AM은 이 우주 만물을 창조하는 힘입니다. 제 안의 하느님이 이것을 말씀해주었습니다. 이 말씀이 진실인지 아닌지 알고 싶다면 저는 이것을 시험해볼 것입니다. 먼저 제가 되고 싶은 상태를 결정하고 그것을 상상합니다. 물론 그것이 될 수 없는 여러 가지 이유들이 떠오를 것입니다. 저의 모든 감각들은 제가 소망을 이뤘다는 것을 인정하지 않을 것입니다. 그럼에도 불구하고 저는 제가 결정한 그것이 되었다는 믿음을 유지하는 데에 최선을 다할 것입니다. 만약 그렇게 상상하고 믿음을 유지한다면 저는 제가 원하던 바로 그 상태에 도달할 수 있을까요? 물론입니다. 그런데

그것을 이루고 나면 저는 그 일이 상상을 통해 일어났다는 것을 잊게 될 것입니다. 정말 그렇게 될까요? 아마도 그럴 것입니다.

이 과정이 여러분이 있는 이 상태에서 여러분이 원하는 상태로 가기 위한 탈출의 여정입니다. 우리는 항상 일이 일어난 후에 그 일이 어떻게 일어나게 되었는지를 잊고 그것을 다시 재현해 내는 것을 굉장히 힘들어 합니다. 그러나 여러분 기억하십시오. 여러분의 소망을 실현시키기 위한 여정은 여러분이 이스라엘의 하느님, 즉 소망하는 나의 상태를 담대하게 받아들일 때 시작되었다는 것을요.

만약 어떤 랍비가 여러분에게 다가와 하느님의 이름은 여호와라고 말한다면 그의 말에 등을 돌리십시오. 여러분에게 가르침을 전하는 이가 얼마나 현명하고 지혜롭고 훌륭한 사람인지 상관없이, 하느님의 이름이 I AM이라는 것을 모른다면 과감히 등을 돌리십시오. 하느님에게 바친다는 이 세상의 모든 의례와 연단, 찬양들은 모두 다 쓸데없는 것입니다. 진정한 하느님이 무엇인지를 모른다면 이러한 모든 것은 아무런 의미가 없습니다. 진정한 하느님은 I AM입니다.

너희 섬길 자를 오늘 택하라.
오직 나와 내 집은 여호와를 섬기겠노라.

여러분이 이스라엘의 백성들처럼 제가 오늘 드린 말씀을 믿고 받아들일 수 있다면 이제 여러분의 하느님을 선택할 차례입니다. 이스라엘의 백성인 여러분은 이렇게 대답할 것입니다. "우리는 여호와를 섬기겠나이다." "너희가 여호와를 택하고 그를 섬기리라 하였으니 스스로 증인이 되었더라." 여러분은 유일신 여호와를 선택했습니다. 여러분이 여호와를 선택했으니 여러분 스스로 증인이 되십시오.

만약 내일 당장 여러분 마음대로 일이 되어가지 않는다고 해서 그 상황에서 벗어나려고 발버둥 친다면 아마 여러분은 이렇게 생각할 것입니다. "모두들 이런 상황에서는 나처럼 빠져나가려고 발버둥 친다고!" 그러나 여러분이 이렇게 "모두들 이런 상황에서는"이라고 여러분 자신을 위안하며 소망이 이루어진 것을 접는다면 여러분은 여러분의 선택을 잊어버린 것입니다. 여러분의 선택은 이스라엘의 하느님을 섬기기로 다짐한 것이었고 이스라엘의 유일한 하느님, 그것은 바로 I AM입니다. 그러므로 일이 잘못되어간다고 느끼거나 낙심하게 되는 순간에는 항상 여러분 자신에게 물어야 합니다.

"내가 지금 뭐하는 거지? 내가 언제부터 이렇게 잘못되었다고 생각한 거지? 내가 사실이라고 받아들인 것은, 나는 이미 그 원하는 상태가 되었다는 것인데 말이야!"

저에게 만약 두개의 선택이 있고 이것이 되기보다는 저것이 되는 것을 더 원한다면 "나는 그렇게 될 거야!"라고 말할 수도 있습니다. 그러나 저는 지금 당장 과감하게 "나는 그것이다"라는 것을 사실로 가정하고 받아들여야만 합니다. 물론 그러할 때에 여러 이유들이 저로 하여금 제가 원하는 상태를 믿지 못하게 방해하고 제 감각들은 제가 원하는 것을 부정할 수도 있습니다. 그렇다 하더라도 저는 반드시 저의 소망이 이미 이루어졌다는 것을 관철해야만 합니다.

『부활』이라는 저의 책에 이런 이야기가 실려 있습니다. 그 안의 '법칙과 약속'이라는 부분 안에는 40개 정도의 이야기가 실려 있는데 그 이야기들의 실제 인물들은 모두 제가 말씀드린 이스라엘의 하느님을 선택한 분들입니다. 저는 그분들에게 '이스라엘의 하느님'에 대한 언급은 하지 않았지만 어쨌든 그분들의 선택은 오늘 제가 말씀드린 이스라엘의 하느님이었습니다.

"저는 지금 제 소유의 건물에 살고 있습니다. 많은 층들을 세놓을 수 있는 멋진 다세대 주택이지요. 이 집은 저에게 안정적인 수입을 가져다줍니다."

'법칙과 약속'에 실려 있는 무어 박사님의 이야기입니다. 그분은 저에게 또 이렇게 말해주었습니다.

"저는 저의 사무실에 그냥 앉아 있어도 되지요. 제 집에 있어도 되고요. 제 개인 생활을 즐길 수도 있습니다. 제가 돈을 벌지 않아도 저에게는 다세대 주택에서 걷히는 세가 있기 때문에 안정적으로 생활할 수 있습니다."

무어 박사님은 자신의 다세대 주택을 지을 때 돈이 한 푼도 없었습니다. 단돈 1페니도 없었습니다. 그러던 어느 날 전혀 알지도 못하는 건설업자가 갑자기 무어 박사님을 찾아와 주택 건축을 제안하게 됩니다. 그 건설업자에게는 주택을 지을 돈과 설계도가 있었고 무어 박사님의 비어있는 땅에 어떻게 건물을 지을 것인지도 알고 있었습니다. 결국 무어 박사님은 돈 한 푼을 들이지도 않고 지금의 다세대 주택을 가질 수 있었습니다.

제 강의를 듣기 전 무어 박사님은 주택을 지을 돈이 한 푼도 없었다고 합니다. 하지만 자신의 다세대 주택을 너무너무 갖고 싶었습니다. 물론 박사님이 모아놓은 적금을 쓸 수도 있었지만 그 주택을 짓는 것에 쓰게 된다면 노후가 불안해질 수 있어 박사님은 그런 위험을 감수할 수 없었습니다. 그러다가 상상의 힘에 대해 알게 되고, 박사님은 자신에게 이렇게 말합니다.

"상상력을 쓰는 것이야말로 돈 한 푼 안 드는 일이지. 그렇다면 나는 아주 간단하게 내 건물이 지어졌다는 것을 사실로 가정하고 잠에 들어봐야겠어."

그리고 박사님은 단순히 자신의 건물이 지어졌다는 것을 사실로 가정하고 잠에 들었습니다! 그러자 전혀 알지 못하는 한 건축업자가 박사님을 찾아와 건축을 제안하고 돈을 만들어 박사님이 원하던 다세대 주택을 지어주었습니다.

제 책에 실린 40개의 이야기 모두 이스라엘의 하느님을 섬기기로 한 선택을 전제로 하는 것입니다. 그 이스라엘의 하느님은 바로 'I AM'이라는 것을 거듭 말씀드리겠습니다.

이제 오늘밤 여러분이 이 세상에서 무엇을 원하는지, 여러분의 소망을 확실히 알고 있다면 여러분이 선택한 하느님을 여러분의 유일한 신으로 받아들일 준비가 된 것입니다. 여러분이 선택한 하느님 이외에 어떤 다른 신에게 마음을 돌리지 마십시오. 그저 "나는 그것을 가지고 있다," "나는 그것이다," 또는 어떤 이름을 'I AM' 뒤에 붙이든 오늘 여러분이 잠에 들 때 그것이 사실인 상태로 잠에 든다면 여러분은 소망을 이루기 위해 일부러 생각하고 움직이지 않아도 잠에서 깬 다음날 특정한 방향으로 움직이고 싶은 충동을 느끼게 될 것입니다. 여러분이 어느 방향으로 움직일 때나 어떤 일을 만나게 될 때에 그것이 여러분의 소망과 전혀 관계가 없다고 느낄 수도 있습니다. 그러나 저는 감히 말씀드리겠습니다. 결국에는 여러분에게 일어난 모든 일들이, 심지어 소망과는 전혀 관계가 없는 것처럼 보이는 일들까지도 여러분의 소망을 이루기 위한 사건의 다리였다는 것을 증명해 보일 것입니다.

여러분이 직접 이 일들을 만들고, 직접 해야 합니다. 소망을 이루기 위해 여러분 앞에 펼쳐질 것들은 이런 일 저런 일 혹은 전혀 다른 일들이 더해져 여러분이 사실로 받아들인 그 상태를 만족시켜줄 것입니다. 여러분이 스스로 선택한 하느님에게 충성한다면 말입니다.

여호수아가 이스라엘의 백성들에게 질문하였을 때 여호수아는 구원자가 누구인지 알고 있었습니다. 이스라엘의 백성들을 하느님이 약속한 젖과 꿀이 흐르는 땅으로 인도한 것도 여호수아였습니다. 모세는 할 수 없었던 일이었습니다. 모세는 상상력의 힘을 그대로 가진 채 아무에게도 알리지 않고 땅속에 묻혔습니다. 그 후 여호수아가 나타나 이스라엘의 백성들을 인도하였습니다. 여호수아는 여러분 고유의 훌륭한 'I AMNESS'의 상징입니다. 쉰(SHIIN) 아인(EIN)이 여러 가지 멋진 이유로 예호바(JEHOVAH) 뒤에 붙어있는 것입니다.

제가 이 자리에서 욧(JOT) 헤(HE) 바(VOH) 헤(HE)라는 이름을 여러분에게 해석해 드린다면 욧(JOT)이라는 것은 히브리어로 손이라는 뜻입니다. 창조하는 손입니다. 헤(HE)는 창문을 뜻합니다. 이것은 나의 몸으로 해석됩니다. 세상의 창문인 나의 몸이라는 뜻입니다. 바(VOH)는 단단히 고정시키는 못이라는 뜻을 가지고 있습니다. 그리고 마지막 단어는 헤(HE)입니다. 또다시 창문이라는 뜻입니다. 이것 모두를 합한 것은 바로 내가(욧 JOT) 무엇이든 내 안으로 생각하고 보는 것은 첫 번째 창문(헤 HE)을 통해 들어와 닫습니다. 그 다음 그것을 충분히 느끼고 마음 안에 단단히 고정시킨다면(바 VOH) 그것은 두 번째 창문(헤 HE)을 통해 나의 세계에 꺼내놓아 현실화 됩니다. 이것이 예호바(혹은 여호와) JOT HE VOH HE의 뜻입니다.

구세주 JESUS와 여호수아 JOSHUA라는 이름도 같은 구성으로 만들어져 있습니다. JOT(욧) HE(헤) VOH(바)를 첫 번째 알파벳으로 놓고 쉰(SHIN)과 아인(EIN)이 뒤따라 붙은 것입니다. 쉰(SHIN)은 치아를 뜻하고 아인(EIN)은 '나'를 뜻합니다. 치아(쉰 SHIN)라는 것의 의미는 만약 내가 원하지 않는 상황을 나의 현실 안으로 불러들였을 때 그것을 먹어치워 없애거나 내가 원하는 상황으로 변형할 수 있는 능력을 의미합니다. 제가 만들어낸 모든 상황을 어쩔 수 없이 받아들여 그것들을 바꾸거나 다시 만들어낼 능력이 있음을 알지 못하고 원치 않는 현실들 속에서 계속 살아가게 된다면 그것은 지옥과 같을 것입니다. 치아(쉰 SHIN)라는 것은 우리가 만들어낸 원치 않는 현실 안에서 우리를 구원해낼 구원자를 찾아다닙니다. 치아(쉰 SHIN)를 통해 우리가 알지도 못하는 사이에 불러낸 원치 않는 현실을 찾아 그것을 먹어치워 없앨 수 있는 능력을 가지고 있습니다. 커다란 나무를 한 번에 태워 없앨 수 있는 불의 능력, 그것을 치아(쉰 SHIN)라고 부릅니다. 치아는 무엇인가를 잘게 부수어 먹어치울 수 있는 것의 상징입니다. 치아는 또한 불꽃과도 같습니다. 무엇이든 태워 없애버리고 그것을 더 나은 모양으로 다시 만들 수 있게 하는 불꽃입니다.

이렇게 우리는 욧(JOT) 헤(HE) 바(VOH) 그리고 쉰(SHIN) 아인(EIN)을 가지고 있습니다. 여호수아 그리고 구세주의 이름인 JOT HE VOH – SHIN EIN을 가지고 있습니다. 이 이름은 또한 여호와에 나타난 욧(JOT) 헤(HE) 바(VOH) 헤(HE)와 같은 단어로 구성되어 있습니다. 이 모든 것은 'I AM'을 뜻합니다. 이 세 개의 다른 이름은 모두 같은 의미입니다.

세상 모든 것은 여러분의 멋진 상상력을 통해 여러분 안에 자리 잡고 있습니다. 만약 여러분이 여러분의 존재인 I AM이라는 신을 섬기기로 결정하고 여러분의 결정에 확고함을 심어준다면 여러분의 인생은 절대로 잘못될 수가 없습니다.

저는 여러분에게 당장 오늘부터 제 강연이 진실인지 아닌지를 시험해보라고 권유하고 싶습니다. 여러분을 극한의 시험으로 한 번 몰아보시기 바랍니다. 그러나 여러분이 만약 오늘 제가 말씀드린 내용이 잘못된 정보일지도 모른다고 생각한다면, 여러분이 혹시 잘못된 하느님을 선택하게 되는 것이 아닐까 걱정한다면 더더욱 여러분을 극한의 시험으로 몰아보십시오. 제가 말씀드린 것들이 진실인지 아닌지 직접 시험해보십시오. 여러분은 제 강의를 들은 후에도 여전히 이렇게 생각할 수도 있습니다.

"하느님은 하늘 어딘가에 존재하는 신이며 내 안에 있을 리가 없다. 하느님은 저 멀리 어딘가에서 나를 지켜보고 있으며 내 길을 항상 인도한다. 상상력의 힘이 진짜라 해도 그건 하느님으로 인해 내 상상력을 믿게 하고 하느님의 힘으로 인도되게 하려는 것이 아닐까?"

그렇다면 여러분은 여러분 자신이 무엇이라고 생각합니까? 제가 감히 말씀드리지만 저는 제가 말씀드린 하느님이 누구인지 경험을 통해 알고 있습니다. 여러분 또한 언젠가는 그 하느님을 만나게 될 것입니다. 하느님을 만나게 되는 날 그것은 참으로 신비로운 경험이 될 것입니다. 여러분은 하느님이 여러분 안에 언제나 있으면서 여러분이 존재하기도 전에 있었다는 것을 알게 될 것입니다. 그것은 절대적인 사랑의 존재이며 그 존재가 여러분 세상에 존재하기 이전부터 여러분에게 이야기하고 있다는 것 또한 알게 될 것입니다. 그리고 그 존재는 여러분을 가리키며 이렇게 질문합니다.

제가 지금 말씀드리고 있는 것은 모두 여러분 안에서 일어나게 될, 한 편의 실재하는 드라마입니다. 여러분이 무한의 존재와 만나게 되었을 때 아주 간단한 질문을 받게 될 것입니다.

"세상에서 가장 최상의 가치는 무엇이냐?"

여러분은 옳은 대답을 하게 될 것입니다. "사랑입니다"라고 말이죠. 대답을 받은 그 존재는 여러분을 감싸고, 그러면 여러분 또한 그 존재와 하나가 될 것입니다. 영원한 시간 속에서 여러분은 그 존재와 하나입니다. 이 무한한 존재는 여러분이 세상에 있기도 전에 존재하였으며 여러분은 그 안에 살고 있습니다. 여러분이 스스로 선택한 이스라엘의 하느님을 섬기겠다고 약속하고 그 약속을 충실하게 이행했을 때 그 존재는 여러분 안에서 깨어나게 됩니다.

자, 이제 결정하십시오. 여러분이 선택한 하느님을 섬기든지 아니면 그 하느님을 버리든지, 둘 중 하나를 선택하면 됩니다. 만약 여러분의 결정이 오늘 선택한 하느님을 섬기겠다는 것이라면 이 강연장 문을 열고 나갈 때 "나는 이미 내가 원하는 그것이다"는 명제를 사실로 가정하고 나가기 바랍니다. 그리고 그 'I AM'의 상태를 최대한 현재상태로 지켜내기 바랍니다. "나는 언젠가 그것이 되어 있을 거야. 나는 언젠가 그것을 가지게 될 거야"라고 받아들이지 마십시오. "나는 그것이다"고 주장하십시오. 여러분이 이렇게 할 수 있다면, 단언컨데, 멀지 않은 미래에 반드시 그

THE UNALLOYED 155

소망을 이루게 될 것입니다.

오늘 강연의 주제인, '아무것도 섞이지 않은 순수함,' 이것은 인간의 마음깊이 묻혀있습니다. 그리고 어느 날 여러분은 여러분 마음깊이 묻혀있던 '순수함'을 발견하게 될 것입니다. 그것은 완전하며 무결합니다. 여러분은 그것을 한 그루의 나무에 둘러싸여 있는 것으로 보게 될 것입니다. 그 나무가 곧 위로부터 아래로 쪼개질 때 그 안에 있던 '순수함'을 발견하게 됩니다. 그것은 여러분을 구원해줄 하느님의 피입니다. 나무 안에 갇혀있던 여러분의 영혼은 그 쪼개짐으로 인해, 그 안에서 드러난 하느님의 황금빛 피와 하나가 되어 들려질 것입니다. 그리고 여러분은 '현재'로부터 자유로워질 것입니다.

그러나 이것을 기억하십시오. 하느님 생명의 희생으로 말미암아 치료받지 못한 자는 하느님의 인도를 받을 수 없습니다. 블레이크의 책에는 이런 구절이 있습니다.

내가 죽지 않으면 다시 살 수도 없다. 그러나 내가 죽는다면 나는 다시 살아날 것이며 내가 다시 살아날 때 당신은 나와 함께 있을 것이다.

이것은 진실입니다. 이 구절은 하느님 자신이 쓸데없는 것들을 찬양하는 우리를 위해 죽음을 선택한 것을 말합니다. 물론 우리는 일부러 하찮은 것들을 찬양하지는 않습니다. 대부분의 우리는 하찮은 것을 추구하면서도 우리가 무엇을 하고 있는지 모릅니다. 아무도 우리가 살고 있는 이곳에 오고 싶어 하지 않습니다. 저의 신비한 경험에 따르면 그 누구도 우리가 살고 있는 이곳에 오고 싶어 하지 않습니다. 제가 이 세상에서 일어난 제 경험들을 그들에게 설명하면 그들은 제 이야기를 믿으려 하지 않습니다. 그리고 그들은 흥분해 말을 합니다.

"아무도 당신의 말을 믿지 않습니다."

저의 신비한 경험을 통해 만난 신들은 모두 시간에 따라 흐르는 사건들의 개념을 이해하지 못합니다. 여러분은 과거, 현재, 미래라는 시간의 개념을 가지고 있기 때문에 축복받았다고 할 수 있습니다. 그것은 참으로 축복입니다. 왜냐하면 성서에 나온 것처럼 시간이 지남에 따라 하느님은 우리를 불러낼 것이며 또한 선택받게 되기 때문입니다. 사실 하느님은 최초의 시간이 생기기 전에 이미 자신 안에서 우리를 불러냈습니다. 그리고 우리의 동의 없이 바로 우리가 사는 이 세상, 시간의 개념이 있는 이 세상으로 우리와 함께 내려왔습니다. 그것은 시간이 지남에 따라 생명이 죽을 수 있다는 개념 또한 포함됩니다.

이렇게 우리와 함께 내려온 하느님은 우리가 알기도 전에, 그분이 저와 여러분을 알기도 전에, 하느님의 자녀의 형상을 그려 세상에 내놓기로 결정했습니다. 하느님이 미리 정해놓은 우리들은 결국에 다시 부름 받게 됩니다. 그렇게 부름 받은 자들은 다시 하느님의 품 안에서 보호를 받습니다. 하느님에게 보호받는 자들은 또한 하느님의 경배도 함께 받습니다.

그렇다면 하느님이 어떻게 자신의 자녀를 경배하겠습니까? 하느님 자신이 그의 자녀가 된 것이 바로 축복입니다. 요한복음 17장에 이런 구절이 있습니다.

하느님께서 내게 하라고 주신 일을 내가 이루었나이다. 주님의 존재로 저를 찬양해주소서.

(요한복음 17:4-5)

그리하여 하느님은 하느님 자신의 존재로 우리를 찬양하고 아버지가 되었습니다. 하느님은 나의 아버지입니다.

여기 모인 여러분 또한 하느님이 자신의 존재로 여러분을 찬양하는 날을 맞게 될 것입니다. 그것이 이 여정의 끝입니다. 저는 방금 하느님의 찬양을 받게 되는 다섯 가지의 단계에 대하여 설명했습니다. 인간이 알기도 전에 하느님은 이미 결정되어진 대로 그분의 형상을 따라 인간을 지었고, 미리 결정되어진 우리는 하느님의 부름을 받으며, 하느님의 부름 받은 자는 하느님의 보호를 받게 됩니다. 마지막으로 하느님의 보호를 받는 자는 하느님의 찬양을 받게 됩니다. 이것이 하느님의 찬양받음으로 이르는 다섯 단계입니다.

저는 이 다섯 단계들이 '지금 보이는 현재'에서 '원하는 현재'로 이동하는 과정을 나타낸다는 것 이외에 어떤 다른 의미로도 해석이 되지 않는다고 생각합니다. 소망을 가진 모든 이들은 그들의 소망이 이루어진 자리, 즉 '원하는 현재'로 이동하게 될 것입니다. 소망을 '현재상태'로 지켜내는 것이 어려워 소망으로 가는 과정이 조금 더디더라도 말입니다.

여러분은 오늘 이스라엘의 하느님을 여러분의 하느님으로 선택했습니다. 여러분에게 익숙하지 않은 상태를 현재상태로 지키는 것이 어려워, 즉 지금 내가 그 소망을 이루었다는 것을 받아들이기 어려워 지금 있는 현실에서 곧바로 빠져나가는 것이 어려울 수 있으나 얼마 지나지 않아 원하지 않는 현실에서 빠져나가게 될 것입니다. 왜냐하면 여러분은 소망을 계속해서 현재상태로 돌려놓을 것이기 때문입니다. 여러분은 여러분이 선택한 진정한 하느님에게로 계속 귀화할 것입니다. 결국 원하지 않는 현재로부터 **하느님의 왕국**이라고 불리는 소망하는 현재로 옮겨가게 됩니다.

그러므로 저는 오늘 여기 모인 모든 분들이 하느님의 왕국으로 옮겨가게 될 거라고 장담합니다. 그곳은 여러분이 지금 있는 현실과는 완전히 다른 곳입니다. 하지만 이 약속이 이루어지기 전에, 우리가 이 세상에서 살고 있는 동안에는 하느님의 법칙이 적용됩니다. 하느님의 법칙이란 이 시대(age)에서 저 시대(age)로 가는 출구이자, 지금 처해 있는 우리의 현실에서 원하는 현실로 가는 법칙입니다.

무슨 뜻이냐면, 여러분이 지금 받아들이고 있는 상태가 탐탁치 않을 때가 있습니다. 저를 예로 들자면 저에게는 자신의 현실을 별로 좋아하지 않는 한 친구가 있습니다. 그렇다면 저는 제 마음속에서 그 친구가 원하는 상태에 있는 것을 봅니다. 제가 이렇게 하기 시작할 때부터 그 친구의 현실 이동이 시작됩니다. 전 이런 식으로 이스라엘의 하느님에게 충실한 경배를 드립니다. 이렇게 말입니다.

저는 그 친구의 소망이 이루어져 있는 것을 바라봅니다. 그리고 그 친구의 변화된 현실을 듣습니다. 계속해서 듣고 또 듣습니다. 전 지금 그 친구의 변화된 현실을 보고 듣고 있기 때문에 어쨌든 그것들은 곧 제가 현실에서 보고 듣게 될 것임을 압니다. 제 친구는 제가 마음속에서 듣고 있는 그의 변화된 상황이 실제라는 것을 현실에서도 다시 한 번 확인시켜 줄 것입니다. 그리하여 저는 이 상태(친구의 못마땅한 현실을 바라보는 상태)로부터 다른 상태(친구의 소망이 이루어진 것을 바라보는 상태)로 옮겨가게 됩니다. 이렇게 원하는 상태를 훔쳐와 지금의 상태와 바꾸는 것, 그것이 우리의 현실을 움직이게 하는 방법입니다.

오늘 저녁 이 자리에서 제가 말씀드리고 있는 '아무것도 섞이지 않은 순수함,' 그것은 말 그대로 순수함이며 하느님의 황금과도 같은 것입니다. 그것은 여러분의 피투성이 현재의 삶으로부터 생명을 다시 부여받을 수 있도록 이끄는 하느님의 또 다른 피입니다. 예수 그리스도가 스스로 죽음을 선택하여 우리 안에 살게 되는, 이런 희생이 없었다면 우리 인간들은 이 세상에서 번영하며 살지 못했을 것입니다.

하느님은 영원한 생명으로 부활할 것이라는 희망을 품고 스스로 죽음의 문을 열고 들어가 무덤 안에 자신을 눕혔습니다. 하느님이 자신을 묻은 무덤에서 인간이 깨어나게 되는 날 인간과 하느님은 하나가 됩니다. 결국 이 과정의 마지막 순간에는 하느님만이 있을 뿐입니다. 오직 하느님만이 존재하게 됩니다. 그리고 그의 이름은 영원하고 또 영원합니다. I AM.

그러므로 오늘밤 여러분에게 소망하는 상태가 있다면, 어떤 것을 이루려고 하는 목적이 있다면 그것이 멋지고 훌륭한 소망이기를 바랍니다. 물론 여러분이 원하는 것이라면 그것이 어떤 것이든 상관없습니다. 그렇게 소망을 확실히 하였다면 정말 간단한 방법으로 여러분의 소망으로 가는 여정을 시작하면 됩니다. 이렇게 시작하십시오.

"**내 소망이 실제라면, 지금 나의 현실이 내가 소망하는 현실과 같다면 나는 무엇을 생각하고 있을까?**"
"**내 소망이 실제라면, 지금 나의 현실이 내가 소망하는 현실과 같다면 나는 세상을 어떻게 보고 있을까?**"

그러고 나서 여러분의 생각으로, 여러분의 마음으로 여러분이 보고 있을만한 **소망이 이루어진 현실**을 보기 시작하십시오. 그것이 진짜로 사실인 것처럼 말입니다. 그런 후 여러분이 생각하고 보고 있는 그 상태를 사실로 받아들이면서 조용히 잠에 드십시오. 한번 시도해보십시오. 여러분이 생각으로, 마음으로 보고 있는 그 상태를, 실제로 경험하게 됩니다.

저의 책 '약속과 법칙(네빌고다드의 부활)'에 나오는 제 친구의 이야기 역시 사실입니다. 그 친구가 레코드 가게에 들어가 정확하게, 확실하게 그가 원하는 것을 직원에게 말했을 때 직원에게서 들었던 대답은 "아니오, 우리 가게에 그 레코드는 없습니다"였습니다. 제 친구는 그 말을 듣고 직원에게 마음속으로 말했습니다. 물론 실제로 대답한 것은 아닙니다. 마음속으로 대답하였습니다. "그건 내가 당신에게 들었던 대답이 아니야." 제 친구는 그가 마음속으로 그리고 상상했던 것이 진실임을 확신하고 또 확신하였기 때문에 "찾던 레코드가 없다"는 직원의 대답이 어떠한 영향도 미치지 못했습니다.

제 친구는 마음속으로 대답했습니다. "그건 내가 당신에게 들었던 대답이 아니야." 그리고 뒤돌아 나오려고 할 때 직원이 제 친구가 찾고 있던 레코드를 발견했고 선반에서 그 레코드를 꺼내며 말했습니다. "아, 여기 있었군요! 저희 매장에 있습니다." 제 친구가 원하던 그 레코드였습니다. 모든 것이 제 친구가 원하던 것과 완벽히 일치했습니다. 친구는 그것을 받아들고 감사하다고 직원에게 인사하며 가게를 나왔습니다.

그는 실제로 레코드 가게에 가기 전에 마음속으로 자신이 원하는 레코드를 받는 장면을 그려 넣었습니다. 그는 단순하게 이 세상에서 자신이 원하는 것을 마음속에 그려 넣고 그것을 자신의 것으로 만들었습니다. 당연하게 그것을 요청했지만, 직원은 "아니오, 가지고 있지 않습니다"는 대답을 했습니다. 그러나 그 대답은 제 친구에게 아무런 영향도 주지 못했습니다.

제 친구의 이야기는 한 인간이 가진 고유하고 멋진 창조활동을 보여주는 좋은 예라고 생각합니다. 그가 사용했던 상상력은 여러분도 지닌, 고유하고 멋진 상상력이기 때문에 여러분도 그가 경험했던 창조활동, 그가 행했던 창조활동을 할 수 있습니다.

오늘 아침 제가 받았던 편지를 쓰셨던 분이 오늘 이 자리에 오셨기를 바랍니다. 저는 다시 한 번 그분에게 이런 이야기를 드리고 싶습니다. 우리가 살고 있는 이 나라는 이 나라를 만든 사람들이 예견했던 것처럼, 그리고 로버트 프로스트가 정의했던 그대로 만들어지고 있습니다. 그는 이렇게 말했습니다.

"그들은 미래를 믿지 않는다. 다만 자신들을 믿을 뿐이다."

시간이 흐르면 나아질 거라는 개념은 우리 미국에 아무것도 가져다주지 못합니다. 여러분과 저, 그리고 이 땅에 살고 있는 우리는, 우리의 이상적인 나라의 모습을 반드시 마음속에 새겨 넣어야만 합니다. 그리고 그것을 믿어야만 합니다. 우리는 넋 놓고 기다리기만 하면서 "언젠가 큰 별이 반짝하고 나타나겠지"라고 말하곤 합니다. 누가 알지도 못하는 우리를 위해 그 별을 반짝이게 하겠습니까? 여러분이 별자리나 혹은 찻잎으로 치는 점 아니면 카드점 따위를 믿으면서 어떤 누군가의 손에 이 나라의 미래가 달려있다고 믿는 순간, 여러분은 오늘 저와 함께 선택한 이스라엘의 하느님에게 등을 돌리고 있다는 것을 깨달으십시오.

너희 섬길 자를 오늘 택하라.
오직 나와 내 집은 여호와를 섬기겠노라.

그 하느님의 이름은 무엇입니까? 제가 무엇이라고 말씀드렸습니까? I AM입니다. 오늘 여러분은 이스라엘의 하느님인 I AM을 여러분의 하느님으로 섬기기로 결정했습니다. 자, 여러분 스스로 이제 여러분이 선택한 하느님의 증인이 되십시오. 이 시간 이후로 여러분은 "저들은 제가 생각하는 것과는 다르게 생각하네요"라든지 "저들이 말하기를, 제 소망을 그런 식으로는 이룰 수 없다고 합니다"라고 말하지 마십시오. 그런 모든 이야기들은 나와 상관없는 것이라고 스스로에게 말씀하십시오.

여러분은 오직 이스라엘의 하느님, I AM을 믿고 섬기겠다고 약속했습니다. 여러분이 세상의 관점에 관심을 가지는 순간 이스라엘의 하느님을 섬기기로 한 약속을 저버리게 될 것입니다. 이스라엘의 하느님은 I AM입니다. 이 세상에는 I AM 이외에 어떠한 다른 신도 존재하지 않습니다. 전국을 다 뒤져보아도, 전 세계를 다 뒤져보아도 I AM 이외에 어떤 다른 신도 찾을 수 없을 것입니다. 하느님은 절대적으로 유일한 하나의 신입니다.

이 세상의 종교들은 여러 가지 색으로 칠해진 신들을 하느님이라고 말하고 있습니다. 이곳에 가면 이러한 하느님이 있고 저곳에 가면 저러한 하느님이 있습니다. 그러나 모두 이스라엘의 하느님이 아닙니다. 그들이 말하는 것은 I AM이 아니기 때문입니다.

유일신을 섬기는 종교들은 크리스천의 이론을 바탕으로 이루어졌습니다. 그러나 아이러니하게도 그것은 크리스천의 뿌리인 유태교의 이론을 만족시키고 있지는 않습니다. 진정한 크리스천 이론이란 하느님 존재에 대한 믿음뿐만 아니라 이스라엘의 신에게 충성을 맹세한 자 누구라도 하느님 안에서 그의 존재를 펼쳐 나가게 할 수 있도록 하느님이 허락하고 약속했다는 것입니다.

하느님과 그분을 감싸고 있는 육신은 다른 누구를 위해서가 아닌 자신을 위해서 이 세상의 경험들을 하고 있습니다. 성경에 쓰인 탄생과 죽음 그리고 부활 이 모든 것들은 이미 약속된 것들이며 I AM이 개개인의 존재로서 경험하는 것입니다. 누가 부활했습니까? I AM입니다. 그리고 이 세상의 모든 것들은 개개인의 I AM 들에게 피어납니다.

유일한 신, 이스라엘의 하느님은 바로 나, I AM임을 기억하십시오. 그 이름은 영원할 것입니다.

자, 이제 침묵에 들겠습니다.

청중의 질문과 답변

네빌 : 질문할 것이 있다면 질문해주십시오

여성1 : 선생님께서는 명상에 들 때 어떤 생각을 하며 어떻게 명상에 드십니까? 특별한 선생님만의 방법이 있으신지요?

네빌 : 제가 어떻게 명상에 드는지 궁금하십니까? 저기 계신 여성분이 제가 어떻게 명상에 드는지에 대해 설명해 달라고 질문하셨습니다.

명상에 들 때 저는 첫 번째로 제 몸을 아주 편안하게 만듭니다. 안락의자에 기대거나 소파나 침대에 눕습니다. 몸이 느끼기에 답답하다거나 걸리적거리는 자세는 취하지 않습니다. 제 몸에 조금의 압박이라도 느껴진다면 생각이 그쪽으로 몰리게 되기 때문이죠. 명상을 시작할 때 제 몸은 완벽하게 이완되어 있습니다.

그리고 저는 눈을 감고 제 두개골 쪽으로 정신을 집중합니다. 정신을 집중한지 몇 초가 지나지 않아 저는 제 두개골 안의 구조를 들여다보고 있게 됩니다. 제 두개골 안에는 복잡한 구조를 가진 뇌가 자리 잡고 있습니다. 저의 뇌는 서서히 빛나기 시작하며 마치 그 뇌가 살아있는 것처럼 진동하기 시작합니다. 그러고 나면 황금색으로 흐르는 액체와도 같은 불빛이 제 머리로부터 흘러나오게 됩니다. 여러분은 이 장면을 관찰할 수도 있습니다. 여기서부터 (머리를 가리키는 듯) 이렇게 돌아서 움직이다가 시간이 조금 지나면 안개커튼 혹은 연기 같은 스크린 사이로 사라집니다.

그런 현상이 일어나고 나면 어떤 환영 같은 것이 보이게 됩니다. 모든 사람들이 저와 같이 환영을 보는 것은 아닐 것입니다. 그러나 여러분이 명상을 하며 보게 되는 것은, 여러분의 머리에서 나온 황금빛과 푸른빛이 이마 위로 섞여 결국에는 아름다운 푸르스름한 빛으로 나타나게 될 것입니다.

이 푸른빛을 우리가 볼 수 있는 것으로 설명하자면 아마 알코올이 타고 있는 것에 가깝지 않을까 합니다. 가스레인지 불꽃의 푸른빛이 아닙니다. 예전에 저의 어머니께서 크리스마스에 플럼푸딩을 준비하실 때 푸딩 위에 브랜디나 럼을 끼얹고 불을 붙이셨습니다. 푸딩에 붙은 그 불꽃은 살아있는 것처럼 이리저리 움직였습니다. 가스레인지의 불꽃처럼 고정된 불꽃은 아니었습니다. 살아있는 것처럼 이리저리 움직이는 아름다운 푸른 불꽃이었습니다. 정확히 그 불꽃과 같습니다. 이런 불꽃이 여러분의 이마 정면에 이곳쯤에 (이마를 가리키는 듯) 머무르게 됩니다. 명암이 조금 다른 두 개의 푸른빛이 소용돌이치듯 움직이게 됩니다. 이 푸른빛은 곧 황금색 불빛의 띠 안에 자리 잡습니다.

이것을 체험할 수 있는 간단한 방법이 있군요. 여러분, 눈을 감고 의식을 여러분 안의 마음 쪽에 집중하십시오. 집중했다면 그 다음에는 여러분의 의식을 여러분의 두개골 쪽으로 가져오십시오. 그 다음에 여러분은 여기 어디쯤 (이마를 가리키는 듯) 작은 푸른 불빛이 피어오르는 것을 발견하게 될 것입니다. 여러분이 발견하게 될 불빛은 알코올이 타는 것과 같은 색의 살아있는 듯한 그런 불꽃일 것입니다. 그것은 이리저리로 움직이는 푸른 불꽃입니다. 그 후 그 불꽃은 점점 커지게 됩니다. 자, 이제 눈을 떠도 됩니다.

눈을 이미 뜨고 있는 분들도 있겠지만 눈을 뜬 채로 어떤 것을 집중해서 본다면 그 물체가 점점 커지고 푸르스름한 빛을 내는 것처럼 보이게 될 것입니다. 저기 이 강연장의 끝을 집중해 보면 천천히 푸른 불꽃이 일어나 강연장의 구석 넓이만큼 채우게 됩니다. 그리고 시선을 다시 여러분에게 가져오면 그 불꽃은 곧 작아지게 되지요. 여러분은 제가 말씀드린 푸른 불꽃을 눈을 뜬 채로도, 감은 채로도 볼 수 있습니다. 그렇지만 눈을 감고 본다면 제가 앞서 설명한 모든 것이 자연스럽게 펼쳐집니다. 한번 해보십시오. 이 경험은 아주 경이롭습니다.

(어떤 여성분이 자신은 잘 보이지 않는다고 말함)

아! 손을 드신 숙녀 분은 그게 잘 되지 않으신다고요? 좋습니다. 괜찮습니다. 오늘이 수요일 밤이니까 일요일 전까지 한번 시도해 보고 저에게 되는지 안 되는지 말씀해주십시오. 그렇다고 억지로 보려고 마십시오. 그저 이런 현상들이 자연스럽게 일어나도록 놔두면 됩니다. 여러분과 저, 우리 모두는 다 같은 존재들입니다. 세상에 하나뿐인 하느님이지요.

여러분 혹시 어떤 물체나 사진을 본 후 곧바로 그것의 상이 눈앞에 남아있던 현상을 겪으신 적이 있으십니까? 예를 들면 저쪽에 있는 사진을 한번 바라보시기 바랍니다. 꼭 저것이어야 되는 것은 아닙니다. 어떤 사진이든 사물이든 어떤 것이라도 좋습니다. 그렇다고 너무 집중해 바라보시지는 마십시오. 눈이 피곤해집니다. 그저 바라보십시오. 그러고 나서 바라보시던 것에서 시선을 거두고 다른 쪽을 한번 바라보시기 바랍니다. 방금 보셨던 물체나 사진의 상이 뒤따라오는 것이 보이십니까? 좋습니다. 이렇게 시작하시면 됩니다.

자, 여러분은 방금 어떤 이미지나 물체를 집중해서 본 후에 시선을 다른 곳으로 돌리게 되면 그 물체나 이미지의 흔적이 여러 가지 색깔로 나타나는 현상을 경험했습니다. 원래의 물체에 있던 색이 사라지고 푸르스름한 듯 아니면 황금빛인 듯한 흔적. 붉은색은 초록빛에 가깝게 여러 가지 명암을 가지게 되지요. 이 모든 색깔들이 움직이며 무엇이라 할 수 없는 물체의 흔적을 보여줍니다. 이것뿐만이 아닙니다. 다른 예를 한번 들어보겠습니다.

여러분이 아주 작은 사진 하나를 보고 있다고 가정해보겠습니다. 작지만 밝고 선명한 사진 하나를 찬찬히 들여다보다가 시선을 거두어 여러분의 엄지를 바라보면 같은 사진이 조그맣게 여러분의 엄지 안에 담겨질 것입니다. 같은 사진을 보다가 엄지가 아닌 더 커다란 벽면을 한번 본다고 생각해봅시다. 그 이미지는 곧 확대되어 벽면에 사진의 상이 맺히게 될 것입니다.

이러한 현상들은 여러분이 지금 여기에 앉아 있지만 또한 여기에 온전히 있지 않다는 것을 보여주는 예시들입니다. 명상을 할 때 보이는 황금빛 푸른빛 또는 모든 아지랑이와 같은 색깔의 불빛들이 피어오르는 것은 여러분이 그곳에 있지만 또한 그곳에 있지 않다는 증거들입니다. 물론 우리는 명상을 할 때 보이는 잠깐의 빛보다 더욱더 찬란한 존재입니다.

제가 하는 명상 방법을 한번 해보시기 바랍니다. 정말 간단하게 할 수 있습니다. 채식주의자라고 해서 명상이 더 잘되거나 하는 것은 아닙니다. 고기를 먹든 야채만 먹든 혹은 담배를 피우던 피우지 않던 또 이 세상에 뭐가 있지요? 무엇을 하고 계시던지 상관없이 다 하실 수 있습니다. 세상에 있는 관념들을 다 믿지 마십시오. 여러분에게 도움이 되지 않습니다.

명상을 위해 담배를 끊으시겠습니까? 뭐, 그럼 그렇게 하십시오. 사람들은 자기가 하던 것들을 그만 두어야 명상을 할 수 있다고 생각합니다. 하던 것을 그만두겠다고 하면 내버려 두십시오. 그러나 하느님의 문에 들어가는 데에 육신으로 어떤 것을 하든지 장애가 되지는 못합니다. 환영과도 같은 이 세상은 환영으로 남겨질 것입니다. 육신의 껍데기와 환영은 하느님의 왕국을 물려받지는 못합니다.

자, 다른 질문이 있으십니까?

여성 2 : 방금 말씀하신 그 빛이라는 것이 텔레비전이나 카메라가 어떤 물체에 초점을 맞추었다가 갑자기 하얀 스크린 같은 것에 맞추면 그 전 초점에 나타난 이미지가 스크린 위로 잠시 나타나는 그러한 현상을 말씀하시는 것 같습니다.

네빌 : 아. 그런 현상이 있습니까? 감사합니다. 저는 그런 현상이 있는 줄 몰랐습니다. 저는 카메라 같은 최신 기계들이 어떤 원리로 만들어졌는지는 잘 모릅니다.

여성2 : 혹시 제가 말씀드린 현상이 당신이 말씀하신 현상과 같은 것인지 확인시켜 주실 수 있습니까?

네빌 : 글쎄요. 당신은 지금 경험을 바탕으로 말씀하셨으니 그게 옳은 것이라고 받아들여야지요. 저는 카메라의 현상이 어떤 것인지 모릅니다. 정말 모릅니다.

여성2 : 아 네. 알겠습니다.

네빌 : 저는 그런 복잡한 것들은 알지 못하지만 이것은 알고 있

습니다. 저는 어떤 것이든 집중해서 바라볼 수 있지요. 그러고 나서 순간적으로 저 뒤에 있는 출구 쪽을 바라봅니다. 그러면 순간적으로 제가 보았던 물체의 상 같은 것이 녹색의 빛을 띠고 남아있지요. 물체를 바라볼 때 여러분은 그 물체에 대한 어떤 인상을 갖게 됩니다. 그러고 나서 다른 곳을 바라보면 그 흔적이 뒤따라오게 되지요.

제가 태어난 바베이도스에는 가끔 노을이 사라지는 현상이 갑자기 생길 때가 있습니다. 그때는 해가 지는 광경을 똑똑히 관찰할 수 있지요. 커다란 해는 이렇게 (해가 지는 모션을 취한듯) 아래로 떨어집니다. 바베이도스는 적도와 아주 가까이 있습니다. 만약 여러분이 바베이도스의 해변에 앉아 해가 지는 광경을 목격한다면 해가 이렇게 커다란 반원을 그리며 움직이는 것을 볼 수 있습니다. 그러다가 갑자기 여러분의 눈에는 해가 아닌 초록색 둥근 빛이 나타나게 됩니다. 초록색에 가까운 해를 보는 것이지요. 해는 빠르게 움직여 사라집니다. 그리고 해가 움직이는 자리에는 녹색으로 빛나는 흔적이 남게 됩니다. 덧붙이자면 열대기후인 제 고향에는 땅거미가 지는 적이 거의 없습니다.

여성 3 : 선생님께서 말씀하신, 명상을 할 때 보이는 빛과 환영은 어떤 미래가 일어날 것인지 알려주는 것입니까? 그 영상을 보려면 마음을 완전히 아무것도 없는 상태(void)로 만들어야 가능한 것입니까?

네빌 : 명상을 할 때 충분히 볼 수 있습니다. 명상을 하는 동안에 몸과 마음을 완전히 이완시켜 얻어지는 즐거움을 느끼거나 아니면 간단하게 몸과 마음을 이완한 채로 어떤 정신적 혁명이 일어나는 것을 기다려도 됩니다. 혁명은 강제로 불러일으킬 수 없는 것이지요. 정신적인 혁명은 자연스레 일어나게 됩니다. 환상 혹은 환영도 마찬가지입니다. 강제로 불러일으킬 수 없습니다.

물론 소망을 이루는 것에 초점이 맞춰진 이 세상에서 제가 말씀드린 방법을 적용시켜 여러분이 원하는 것을 얻어낼 수 있습니다. 여러분이 원하는 미래를 불러일으키는 것이지요. 그러나 그것이 명상할 때의 환영은 아닙니다. 미래를 만나는 환상 혹은 환영(vision)은 그것과는 완전히 별개의 것입니다. 미래를 만나는 환상이라는 것은 완전히 깨어있는 상태로 그 꿈속에 있는 것입니다. 완벽히 깨어있는 상태로 만나게 되지요. 잠이 든 상태로 꾸는 꿈이 있습니다. 그 꿈도 목적이 있지요. 세상의 모든 것에는 목적이 있습니다. 그리고 환영이든 꿈이든 모든 것은 전부 **사실**입니다.

다른 질문 있으십니까?

여성 4 : 제가 명상에 들었을 때 어떤 장면이 눈앞에 펼쳐진 적이 있었는데, 그것은 마치 전기와도 같은 것이 하늘로 높이 올라가다가 밝은 빛과 같은 불꽃이 되었습니다. 그리고 그 빛나는 불꽃이 저에게 이렇게 말하는 것을 들었습니다. "너는 왜 두려워하는가?" 그것은 정말 공포에 가까운 두려움이었습니다. 저는 무서워서 거의 기절할 뻔 했었죠.

네빌 : 감사합니다. 아주 정직하신 분이시군요. 실제로 명상을 할 때 많은 사람들이 두려움을 겪습니다. 당신께서 전기와도 같은 것을 보았을 때 그것이 사실은 당신을 감싸 안고 있는 하느님이라는 것을 잠시나마 알게 된다면 두려움을 많이 줄일 수 있을 듯합니다.

하느님은 눈으로 볼 수 있는 모습으로 나타나지는 않습니다. 전기와도 같은 불꽃은 하느님의 영혼이 반짝이고 있다는 것을 보여준다고 할 수 있겠지요. 다시 말하면 번개와 같이 번쩍이기도 하고, 어느 때는 작은 빛과도 같이 반짝입니다. 그것이 하느님의 영혼입니다.

당신이 명상에 들 때 하느님의 영혼을 보며 몸이 떨렸다면 당신은 하느님의 옷을 입은 것입니다. 어떠한 감정이 번득였다면 당신은 하느님의 옷을 입은 것입니다. 두려워 할 것 없습니다. 계속 명상을 진행하십시오. 하느님의 옷은 당신 자신입니다.

상식적으로 이해할 수 없는 설명이라는 것은 저도 알고 있습니다. 왜냐하면 상식으로는 제가 말씀드리고 있는 존재를 설명할 길이 없기 때문입니다. 우리의 두개골을 자른다 해도 그 존재를 찾을 수는 없습니다. 하느님은 거기에 계시는 것이 아니기 때문입니다. 당신이 명상에 들 때 하느님의 영혼이 당신에게 내려오는 현상이 당신의 육체에게는 강한 감정과 함께 어떤 떨림으로 느껴진 것입니다. 그것은 진동입니다. 엄청난 진동이지요. 당신은 바람과도 같이 그것에 휩쓸려 하느님에게로 인도됩니다. 그러므로 걱정할 필요 없습니다. 따라가십시오. 따라간다고 죽지는 않습니다. (웃음)

세상에 죽는 것은 없습니다. 그저 연락할 방법이 사라지는 것뿐이지요. 물론 우리는 세상이라는 곳에서 친구들과 연락이 끊기는 것을 원하지는 않겠지만 언젠가는 끊어야만 하는 날이 옵니다. 제가 이런 말을 드려도 될지는 모르겠으나 사실 우리는 차례대로 세상을 떠날 준비를 스스로 하고 있습니다. 스스로 떠날 날짜와 시간을 정하고 있다는 말입니다. 어떤 분들은 자신의 몸을 90년 동안 혹사시키면서 살고 계시는 분이 있는가하면 또 어떤 분들은 건강을 위해 식단 조절을 완벽히 하면서 책에 쓰인 대로 살려고도 합니다.

제가 알고 있는 사람의 이야기가 생각나는군요. 그분은 서른다섯 살이었습니다. 그분은 어느 날 젊음에 대한 책을 읽었지요. 그 이상한 책은 사람의 몸이 서른다섯 살을 넘기지 못하고 형태가 변한다는 내용이었습니다. 그분은 그 이야기를 철썩 같이 믿었습니다. 그분이 서른다섯이 되던 해에 그분의 차례가 되어 이 세상을 떠났습니다. 말도 안 되는 책의 내용이라도 그것을 자신의 생각으로 삼는다면 자신의 수명까지 영향을 받을 수 있습니다.

여러분이 이 이야기를 가슴깊이 새긴다면 죽음에 대해 그리 불안해하지는 않을 것입니다. 여러분이 하는 생각과 믿음으로 인해 여러분의 생명이 연장되기도 하고 줄어들기도 한다는 것을 깨닫게 된다면 여러분에게 죽음이라는 것은 걱정거리가 아닙니다. 가끔 이런 사람들이 있습니다. 자기 몸을 죽도록 혹사시키는 데도 불구하고 죽는 것과는 거리가 멀어 보이는 사람들 말입니다. (웃음) 그 사람들은 실제로 죽지 않습니다. 그들에게는 죽을 생각이 없습니다.

혹시 이런 분들 알고 계십니까? 제가 참으로 존경하는 분입니다만, 여러분 주변에 혹시 처칠보다 자신의 건강에 해를 주면서 사는 분이 계십니까? 이분은, 하루에 20개의 시가를 피우고 술을 병째 마셔 버리며 음식을 닥치는 대로 많이 드셨습니다. 그러고도 90세까지 사셨지요. 돌아가실 때 모든 걸 끊게 되긴 하셨지만 말입니다. 반대로 건강을 위해서 정말 모든 것에 조심하는 사람도 있습니다. 제 생각에 이 이야기는 처칠의 부하직원 이야기였던 듯한데, 처칠의 부하직원이 어느 날 그분께 이야기합니다.

"처칠 수상님, 저는 담배를 피우지 않습니다. 술도 마시지 않죠." 그리고 뭔가 건강을 위해 하지 않는 것들을 늘어놓았답니다. 그리고 이렇게 이야기한 것으로 기억합니다. "저는 담배도 술도 하지 않습니다. 덕분에 저는 100퍼센트 건강합니다."

몽고메리! 이제 기억이 납니다. 몽고메리 장군과 처칠 수상의 이야기였군요. 어쨌든 처칠은 몽고메리에게 이렇게 대답합니다.

"자네도 알겠지만 나는 담배를 마구 피워대지. 게다가 술도 엄청 마셔. 생각해보니 음식도 많이 먹는군. 하지만 난 200퍼센트 건강해."

몽고메리는 90년 정도를 살았다고 합니다. 90세까지 살았다면 정말 오래 살았다고 할 수 있습니다. 그분은 90세까지 살게 된 것이 자신의 건강과 수명연장을 위해 술 담배를 끊고 기타 여러 가지를 하지 않았기 때문이라고 생각했습니다. 뭐, 그러한 믿음에는 아무런 문제가 없습니다. 그분이 그렇게 생각했다면 그런 것이죠.

우리들은 차례를 기다려서 이 세상에 등장했습니다. 퇴장할 때에도 차례를 기다리게 되지요. 삶은 연극 같은 것입니다. 정말 아름다운 연극이지요. 또한 끔찍한 악몽이 되기도 합니다. 하느님에 의해 계획되고 상상된, 그리고 하느님이 직접 배우로 출연하는 그런 연극입니다. 욥기 마지막 장에 이런 구절이 있습니다.

그의 모든 형제와 자매와 이전에 알던 이들이 다 와서 그의 집에서 그와 함께 음식을 먹고 여호와께서 그에게 내리신 모든 재앙에 관하여 그를 위하여 슬퍼하며 위로하고 각각 케쉬타 하나씩과 금 고리 하나씩을 주었더라. (욥기 42:11)

하느님께서 그에게 내리신 것입니다. 성경의 욥보다 더 잔인하게 시험에 든 사람을 본 적이 있습니까? 바로 여러분입니다. 여러분의 연극이 끝나갈 때쯤이면 여러분은 이미 욥이 거쳤던 모든 일을 겪었다는 것을 깨닫게 될 것입니다. 대신 여러분은 욥이 받았던 것보다도 더 많은 축복을 받게 될 것입니다.

보라, 내가 너를 연단하였으나 은처럼 하지 아니하고 너를 고난의 풀무 불에서 택하였노라. 풀무 불로 시련하였노라.

(이사야 48:11)

나는 나를 위하여 나를 위하여 이를 이룰 것이라. 어찌 내 이름을 욕되게 하리요. 내 영광을 다른 자에게 주지 아니하리라.

(이사야 48:12)

영광과 축복을 받는 이는 바로 하느님 자신입니다. 그러므로 저는 그리고 여러분은 하느님이 스스로를 위해 희생하신 그분의 피와 하나가 되어 다시 나의 자리인 신의 위치로 돌아가게 되는 것은 당연한 일입니다.

마지막 질문 받겠습니다.

여성 4 : 선과 악에 대한 규정 없이 그저 현실에 만족하고 사는 순수한 아이들이 재해나 사고로 죽는 것은 어떻게 설명될 수 있을까요?

네빌 : 프로이트가 이렇게 말한 적이 있습니다. 저는 프로이트의 추종자는 아닙니다만 어쨌든 그는 이런 선언을 한 적이 있었죠.

"우연 같은 것은 세상에 존재하지 않는다."

프로이트의 이론에 따르면 우연은 개인이 의식하지 못한 채 만들어낸 상황이라고 합니다. 성경에서도 또한 우연이라는 것은 없으며 인간이 보는 것은 모두 하느님이 거두어들일 것이라는 가르침을 주고 있습니다.

"자신을 속이지 말라. 하느님은 업신여김을 받지 아니하시나니 사람이 무엇으로 심든지 그대로 거두리라."

순수한 아이들이 버스 사고로 죽거나 전쟁으로 인해 죽어나가는 베트남 아이들의 상황은 어쩌면 가장 받아들이기 힘든 일일지도 모르겠습니다. 그렇지만 이 세상에 우연이란 없다고 했습니다. 다시 욥기로 돌아가 이야기해 보겠습니다.

여호와께서 그에게 내리신 모든 재앙에 관하여 그를 위하여 슬퍼하며 위로하더라. (욥기 42:11)

하느님께서 내린 모든 재앙, 이것을 받아들일 수 있다면 여러분의 걱정을 조금은 덜 수 있을 것입니다. 어떠한 일이 닥쳐도 그것을 있는 그대로 보고 판단하지 않게 될 것입니다. 그렇지만 여러분은 이 삶이라는 연극을 계속할 것입니다. 모든 일들이 여러분의 선택이라는 것을 알게 되었으므로 여러분은 계속해서 이스라엘의 하느님(I Am)을 섬기기로 한 약속을 지킬 것입니다.

사실 모든 것은 우리들의 선택이었습니다. 이 세상에 오는 것조차 말입니다. 대부분의 사람들은 이 모든 것이 자신의 선택이었다는 것을 이 세상에 오자마자 잊습니다. 그리고는 모든 종류의 신을 섬기기 시작합니다. 사람들은 별자리를 믿고 태어난 날과 시를 맞추어 미래를 결정합니다. 자신의 선택은 잊은 채 자신 바깥에 존재하는 하느님에게로 시선을 돌렸습니다. 그렇지만 오늘 이 자리에 모인 분들은 나 이외에 다른 하느님을 섬기지 않았으면 하는 바람을 전 가져봅니다. 여러분은 유일신인 하느님 오직 하느님만을 찬양하고 경배할 것입니다. 그 하느님은 I AM이라는 이름으로 여러분 안에 자리하고 있습니다. 그리고 그것에게 불가능한 것은 아무것도 없습니다.

여러분 모두 좋은 밤 되길 바랍니다.

THE POWER
더 파워

나의 신성한 산에 있는 모든 것은
그것이 가야 할 길을 잃지 않더라.

오늘 강연의 주제는 힘(power)입니다.

제가 오늘 말씀드리고자 하는 힘이란 로마의 황제였던 시저가 로마를 다스렸던 그런 힘을 의미하는 것은 아닙니다. 오늘 밤 저는 하느님의 힘에 대해 이야기하고자 합니다. 물론 우리는 한때 시저가 통치하였던 세상에 살고 있습니다. 우리가 살고 있는 현실도 어떤 의미로는 시저의 통치 아래에 있다고 말할 수 있습니다. 아마 모든 분들이, 경제강국 그리고 군사강국이라는 미국의 현 상황이 현실적으로 시저가 통치하였던 세상과 크게 다르지 않다는 것에 동의할 것입니다. 그리고 우리는 지금 10년을 이어온 경제와 군사강국의 이미지에 걸맞지 않은 역사상 가장 긴 전쟁을 치르고 있습니다.

우리는 어떤 목적을 가지고 있다고 말합니다. 그리고 우리는 그 목적을 성취할 힘이 있다고 말합니다. 그러나 우리는 우리가 이미 그 목적을 성취하였다는 것을 받아들이려고 하지 않습니다. 그럴 때면 우리는 현실에 맞게 목적을 수정하고 낮춥니다. 이러한 일은 시저의 세상에서 흔히 일어납니다. 그들은 말합니다.

"우리가 성취할만한 것으로 목적은 얼마든지 수정되고 바꿔야 한다. 그렇지 않으면 그 목적을 이루지 못할 것이다. 그렇게 안 할 거면, 아예 그런 목적 따위는 꿈도 꾸지 마라."

우리는 이 말을 받아들여 목적을 이루려고 하는 마음을 포기하고, 상황에 맞게 수정합니다.

제가 오늘 강연하고자 하는 힘은 이런 것이 아닙니다. 성서에서 '예수 그리스도'로 묘사된 하느님의 힘에 대해 말씀드릴 것입니다. 바울은 '그리스도'를 하느님의 힘이며 하느님의 지혜라고 말합니다. 우리는 성서에서 찬양되고 인격화된 지혜와 힘이 이 세상을 창조한 하느님의 동반자였음을 알 수 있습니다. 그 힘은, 그리고 그 지혜는 바로 여러분의 고유한 **경이로운 상상력**입니다. 그것이 바로 하느님의 힘입니다. 저는 상상력이 바로 '그리스도'라고 확신합니다. 그것이 바로 성서의 '예수 그리스도'입니다.

자, 오늘밤 우리는 이 '하느님의 힘'에 대해 이야기해 보겠습니다.

마가복음 1장 15절에서 가장 주목해야 할 단어는 쉽게 찾을 수 있습니다.

이르시되 때가 찼고 하느님의 나라가 가까이 왔으니 회개하고 복음을 믿으라.

(마가복음 1:15)

여기에서 '회개'라는 단어는 우리가 흔히 알고 있는 '자책'하거나 '후회'하여 죄를 고백하는 것을 말하지 않습니다. 성경에 쓰인 이 단어는, 우리가 일반적으로 알고 있는 그런 회개의 뜻과는 전혀 다릅니다. 이것은 훌륭한 '해소'와 '전향'의 의식이며 근본적인 마음의 변화와 세상을 대하는 태도의 극단적 변화를 의미합니다.

저는 어떠한 목적을 바라봅니다. 그리고 나면 제 주변의 모든 것은 제가 그 목적을 현실로 이루어 낼 수 있다고 말해줍니다. 실제로 저의 목적을 현실로 이루어낼 힘이 저에게 있을까요? 실제로 여러분의 목적을 현실로 이루어낼 힘이 여러분에게 있을까요? 예. 그렇습니다. 우리 모두는 우리의 목적을 현실로 이루어낼 힘을 가지고 있습니다. 그렇다면 누군가의 인생의 목적을 이루어내는 이러한 힘! 이 힘의 깊은 의미는 무엇일까요? 그 힘은 과연 무엇일까요?

자, 저에게는 이루고자 하는 어떠한 소망이 있습니다. 저에게 힘이 있습니까? 전 여기 모인 분들에게 확신을 가지고 말씀드리겠습니다.

"예! 저에게는 힘이 있습니다. 그리고 여러분에게도 힘이 있습니다."

여러분은 소망의 결과가 어떠할 것인지 상상할 수 있는 능력이 있지 않습니까? 여러분은 만약 여러분의 소망이 실제로 이루어졌다면 그것이 어떠할지, 그것이 어떠한 상태를 불러일으킬지 상상할 수 있지 않으십니까? 여러분의 소망이 실제로 이루어졌다면 그것이 어떤 느낌일지 상상할 수 있지 않으십니까? 좋습니다. 그것이 바로 여러분의 힘입니다.

자, 이제 여러분은 여러분이 상상한 '그것'을 현실처럼 유지할 수 있으신가요? 여러분 소망의 결과에 모든 의식을 집중하고 그것이 마치 사실인 것처럼 그 사실에 충실할 수 있으신가요?

여러분의 소망이 무엇이든 저는 그것에는 관심이 없습니다. 소망을 이룰 수 있는 힘이 이미 여러분에게 있으며 그것이 바로 **그리스도의 힘**이라는 것을 여러분이 깨닫게 되는 것이 제 관심사일 뿐입니다.

모든 것이 그에게는 가능하리라.

여기 '**그**'는 오늘 강연의 주제인 힘(power)이 의인화 되어 성서에 쓰인 것입니다. 자, 그렇다면 성서에서 '**그**'를 첫 번째로 의인화한 구절을 보겠습니다. 잠언 8장 22절부터 36절의 마지막 부분까지, 우리는 의인화된 '**그**'를 만날 수 있습니다.

"**여호와께서 그 조화의 시작 곧 태초에 일하시기 전에 나를 가지셨으며**" (잠 8:22) 어떤 성경에서는 "**그는 나를 창조하시어**"라고 해석되어 있으나 그것은 올바른 해석이 아닙니다. 생각할 수 있는 '능력' 자체를 창조할 수는 없기 때문입니다. 생각할 수 있는 능력은 창조될 수 없습니다. 발전시킬 수 있을 뿐입니다.

생각할 수 있는 능력은 태초부터 나와 함께 있었습니다. 저는 저의 상상할 수 있는 능력을 스스로 '창조'했다고 말할 수 없습니다. 그것은 처음부터 저와 함께 있었습니다. 제대로 된 상상을 하지 않을 수도 있겠지만, 어쨌든 상상력은 처음부터 저와 함께 있었습니다. 그러므로 **"여호와께서 그 조화의 시작 곧 태초에 일하시기 전에 나를 가지셨으며 만세 전부터 태초부터 땅이 생기기 전부터 내가 세움을 받았나니"**(잠 8:22-23) **"내가 그 곁에 있어서 창조자가 되어 날마다 그의 기뻐하신 바가 되었으며 항상 그 앞에서 즐거워하였으며"**(잠 8:30) **"사람이 거처할 땅에서 즐거워하며 인자들을 기뻐하였느니라"**(잠 8:31) **"아들들아 이제 내게 들으라, 내 도를 지키는 자가 복이 있느니라"**(잠 8:32) **"대저 나를 얻는 자는 생명을 얻고 여호와께 은총을 얻을 것임이라"** (잠 8:35) **" 그러나 나를 잃는 자는 자기의 영혼을 해하는 자라. 나를 미워하는 자는 죽음을 사랑하느니라"**(잠 8:36)

여러분은 이 모든 구절을 잠언 8장에서 찾을 수 있습니다. 여기에서는 힘이 의인화되어 하느님이 세상을 창조할 때 그분의 곁에서 함께 기뻐합니다. 여러분은 이 구절을 쉽게 이해하지는 못했을 것입니다. 상식적으로 이해가 되지 않는 구절이기 때문입니다. 그러나 제가 '회개의 기술'을 연습하면서 처음 경험한 것은 **위로부터 태어나**는 일이었습니다. '하느님의 어린 자녀'로 태어나는 것이었습니다. 저는 성서를 쓴 이가 어떠한 동기로 인해 이러한 구절들을 쓰게 되었는지 정확하게 이해할 수 있었습니다. 여러분 또한 어느 멋진 날 여러분 안에 이런 창조의 힘이 여러분과 함께 기뻐하는 '하느님의 어린 자녀'로 의인화 되어 자리 잡고 있다는 것을 발견하게 될 것입니다.

세상 사람들 모두는 여기 '하느님의 어린 자녀'로 의인화된 힘의 의미를 완전히 다르게 이해하고 있습니다. 그들은 문자 그대로 받아들여, 2000년 전쯤 양치기가 발견한 천조각에 싸여 말구유에 누워있는 신성한 아기 정도로 여기고 있습니다. 그러나 사실 이 이야기는 여호와 하느님의 창조의 힘이 인간에게 잉태되어 그 모습을 드러내었다는 징후를 나타내고 있습니다. 하느님의 창조의 힘이 인간 안에서 태어났으며 또한 그것이 인간에게서 태어났을 때 인간은 우주를 창조한 힘의 한 부분이 되었다는 사실을 나타내는 이야기입니다. 인간 안에서 태어난 창조의 힘을 나타내며 또한 그것이 태어났다는 것을 인식하는 것이 양치기가 발견한 '하느님의 어린 자녀' 이야기의 올바른 의미라고 할 수 있겠습니다.

여기 그분과 닮은 내가 있습니다. 나는 그분이 이 모든 것을 창조하실 때 그분의 어린 자녀로써 그분 곁에 있었습니다. 그분과 함께 기뻐하였습니다. '하느님의 어린 자녀'란 내가, 즉 그 힘이 이 세상 모든 것을 창조한 힘의 한 부분으로서 그분께서 세상 모든 것을 일으키실 때에 내가 거기에 있었다는 것을 상징적으로 나타냅니다. **"나를 얻는 자는 여호와께 은총을 얻고 생명을 얻을 것이니라."** (잠언 8:35) 저와 여러분 안에는 생명이 있습니다. 이 생명은 숨 쉬며 살아있는 우리의 몸을 의미하는 것이 아닙니다. 우리는 살아 숨 쉬는 영혼들입니다. **"나를 잃는 자는 자기의 영혼을 해하는 자라 나를 미워하는 자는 죽음을 사랑하느니라."** (잠언 8:36)

일반적으로 우리가 살고 있는 이 세상에는 '우리 모두는 언젠가 죽음을 맞이할 것'이라는 관념이 있습니다. 여러분이 세상에 나가 사람들에게 '하느님의 어린 자녀' 또는 '하느님의 힘'에 대한 이야기를 들려준다면 대부분의 사람들은 하느님의 힘을 갖고 싶어 하기보다는, 길 건너편의 멋진 빌딩을 갖고 싶어 합니다. 이러한 환상적인 것보다는 무언가 눈에 보이는 저쪽 편에 보이는 빌딩이나 돈과 같은 안정적인 것들을 갖길 원할 것입니다.

그러나 여러분은 힘에 대해 알고 있습니다. 길 건너편의 멋진 빌딩에서 시선을 거두십시오. 그 빌딩을 완전히 무너뜨리고 여러분 안에 자리 잡은 힘이 그것을 다시 세우는 것을 지켜보십시오.

여러분이 창조한 모든 것에서 시선을 거두고, 여러분의 창조의 힘에 시선을 고정시키십시오. 그것을 모두 취하십시오. 그것을 모두 다시 일으켜 보십시오.

그러나 세상은 무엇인가를 존재하게 하는 힘을 소유하는 것보다는 이미 존재하는 것을 소유하는 것에 더 관심을 둡니다. 그러므로 나를 미워하는 것은 죽음을 사랑하는 것과 같은 것이라고 말해집니다.

세상 사람들은 언젠가는 부패하여 없어질 모든 것을 사랑합니다. 오늘날 우리가 눈으로 볼 수 있고 만질 수 있는 모든 것은 서서히 사라져갑니다. 모든 것은 이 세상 안으로 들어오기 시작하면서 그 수를 증가시키고 부풀었다가 다시 줄어들고 쇠약해지며 결국에는 사라집니다. 그러나 근본적으로 그것들을 불러들이기 시작한 나의 힘은 고스란히 언제나 내게 남아 있습니다. 그러므로 여러분이 하겠다고 마음먹었다면 어떤 것이든 이 세상 안으로 불러들여서 그것을 자신의 것으로 취할 수 있습니다. 어떤 것이든 여러분에게 주어진 힘을 사용하여 불러들이시되 그 힘에서 한순간도 눈을 떼지 마십시오. 저는 그리고 여러분은 실제로 원하는 것이 어떤 것이든 우리의 세상 안으로 불러들일 수 있습니다.

그렇다면 '회개'의 진정한 의미란 무엇이겠습니까? 이 단어의 진정한 의미는 바로 이것입니다. "개개인이 스스로 그의 내면으로 들어가 그가 현재 가지고 있던 성향(믿음)의 정확히 반대편에 서 있을 수 있는지를 시험해 보아라."

예를 들자면 저는 경제적으로 매우 곤란한 상태에 있는 사람들을 바라보고 있다고 해보겠습니다. 제가 바라보고 있는 사람들은 당장 집세를 내야하고 옷을 사야하고 식비를 마련해야 합니다. 어쩌면 갚아야 할 돈이 있을지도 모릅니다. 책임져야 할 식구들이 있을지도 모릅니다. 이러한 상황은 그들을 '충분한 수입이 보장되는 일자리를 구한 상태'로 바라볼 수 있는 저의 능력을 시험해볼 수 있는 기회입니다.

저는 그들을 제 마음의 눈앞으로 데려와 이미 충분한 수입이 보장된 일자리를 구한 모습으로 바라봅니다. 제가 저 자신을 설득하여 지금 제가 상상 속에서 보고 듣고 만지고 있는 모든 것이 사실이라고 납득할 수 있는 곳까지 저의 상상력을 고양시킵니다. 저의 상상력을 고양시켜서, 그들이 완벽하게 일자리를 구한 모습으로 인식하게 합니다. 그러고 나면 다음날 아니면 아주 가까운 미래에 제가 제 마음 안에서 했던 것들을 그들은 현실에서 그대로 행동함으로써 저에게 그것이 사실이었음을 확인시켜 줍니다. 그러면 저는 제가 가지고 있는, 우리가 가지고 있는 상상력의 힘을 다시 한 번 확신하게 됩니다.

저는 어떤 상황에서 저의 힘을 한번 시험해 보았습니다. 그리고 또 다른 상황을 변화시키기 위해 힘을 시험해 보았습니다. 저는 계속 시험해 보았습니다. 그러자 그 힘은 제가 시험했던 모든 것에 적용됐습니다. 이제 저는 그 힘을 완전히 믿고 있습니다. 저의 이야기를 듣고 있는 여기 이 자리의 모든 분들 또한 믿고 시험해보라고 권해드립니다. 여러분에게도 저와 같은 힘이 있는지 한번 연습하고 시험해보십시오.

저와 똑같은 힘일 것입니다. 다를 수가 없습니다. 왜냐하면 그리스도는 단 하나이기 때문입니다. 물론 지금 세상에는 여러 종류의 그리스도들이 날뛰고 있지만 여러분도 알다시피 그리스도는 단 하나입니다. 단 하나의 그리스도는 바로 여러분 고유의 **놀라운 상상력**입니다.

저는 저의 상상력을 훈련시켜 시험해봅니다. 그러면 상상력은 나의 지시에 따라 충실히 임무를 수행함으로써 스스로를 증명합니다. 여러분의 상상력을 훈련시켜 시험해보고 그것이 여러분의 지시에 따라 충실히 임무를 수행한다면 여러분과 제가 가진 상상력은 동일한 것입니다. 하나의 상상력이 '네빌'이라는 이름으로 객체화되었고 '에이미'라는 이름으로 - 여러분의 이름이 무엇이든 간에 - 객체화된 것뿐입니다.

상상력의 힘을 발견했다면 그 경험을 다른 분들과 공유해서 또 다른 분들에게 그것을 알리십시오. 여러분이나 다른 분들이

제 이야기를 듣고 설득당하여 자신들의 상상력을 시험해보고 난 후 그것의 힘에 대해 알기 시작했다면 우리 모두는 그리스도의 힘, 곧 상상력의 힘에 대한 확신을 가지고 그것을 주장할 수 있습니다.

"나는 그분을 발견하였다"는 말은 성서에서 쉽게 찾을 수 있습니다. 누구를 발견하였단 말일까요? **"나는 율법과 예언서에 적힌 모든 것을 행한 '나사렛의 예수'를 발견하였다."** '예수'라는 단어의 의미는 '여호와'(JEHOVAH)라는 단어의 의미와 동일합니다. 그것은 '구원'을 뜻합니다. 만약 제가 누군가를 지독한 가난에서 구해내어 그를 부유한 상태에 있게 할 수 있다면 그것이 바로 예수가 아니고 무엇이겠습니까?

저는 결코 여러분과 다른 힘을 가진 것이 아닙니다. 저는 여러분이 가진 그 힘과 동일한 힘을 훈련시켜서 발전시켰을 뿐입니다. 만약 누군가의 병이 깊다면 저는 그를 제 마음의 눈앞에 데려와 그가 완전히 건강한 상태에 있는 것으로 바라봅니다. 그러면 그는 곧 제 힘이 작용했다는 것을 저에게 확인시켜줍니다. 이것이 바로 '예수'의 의미입니다. 예수는 한 사람을 무엇으로부터 구원하였습니까? 그의 깊은 병으로부터 구원하였습니다. 저와 여러분이 가진 이 힘을 시험하고 또 시험해보아 그 힘이 작용한다는 것을 확인하게 된다면 다른 사람들이 이것에 대해 어떻게 생각하든 그것은 아무런 상관도 없을 것입니다. 제가 여기서 강연하고 있는 이야기에 대해 다른 사람이 어떻게 생각하든 그것이 저와 무슨 상관이겠습니까?

저는 오직 상상력의 힘이 스스로 작용한다는 것만을 알고 있을 뿐입니다. 상상력의 힘은 작용합니다. 여러분의 상상력의 힘도 저의 것과 다르지 않습니다. 시험해보십시오.

제가 거듭 강조하여 말씀드리고 있는 상상력이 바로 오늘 강연의 주제인 힘(POWER)입니다. 신비스러운 무엇인가를 말씀드리고 있는 것이 아닙니다. 돈을 주고 외부에서 구할 수 있는 것도 아닙니다. 힘은 우리의 본성입니다. 여러분이 활용할 수 있고 훈련시킬 수 있는 우리의 타고난 본성입니다.

다시 말하면 여러분이 상상력을 훈련시키기 시작했을 때, 진정한 **회개**를 배우게 됩니다. 여러분이 자신의 상상력을 사용하는 법을 연습해서 강렬한 상상을 통해 그것이 실제처럼 느껴지는 단계까지 오르게 된다면 그 힘은 작용하기 시작합니다. 힘은 여러분 안에서 태어났으며 '하느님의 어린 자녀'로 의인화되었다는 것을 기억하십시오. 연습을 한다는 것의 의미는 여러분이 실제로 자신이 가진 힘에 영양분을 공급함으로써 힘이 여러분의 두개골 밖으로 빠져나갈 수 있도록 하는 것입니다.

여기 여러분의 두개골에서 태어나 강보에 싸인 하느님의 자녀,

그것은 바로 여러분의 아이입니다. 실제로 여러분의 머리 안에서 아기를 만드는 것은 아닙니다. '자녀'라는 것은 여러분이 위로부터 태어난다는 것을 상징적으로 표현한 것입니다. 이것은 마침내 여러분이 하느님의 창조의 흐름 안에 도착했다는 것을 알리는 신호입니다.

이제 여러분은 하느님의 창조하는 힘과 하나가 되었습니다. 그리고 그 창조의 힘은 유일한 하느님입니다. 하느님 이외에 아무것도 없습니다. 인간의 모든 것은 상상력이며 하느님은 곧 인간입니다. 그분은 우리 안에 존재하며 우리 또한 그분 안에 존재합니다. 하느님의 창조의 힘이란 곧 인간의 상상력이며 그것은 '예수 그리스도'의 본질입니다. '예수 그리스도'는 바깥세상에서 찾을 수 없습니다.

이제 여러분은 '그리스도'라는 단어가 우리에게 무엇을 말해주려 하는지 이해했을 것입니다. 그런데도 몇몇 분들은 '그리스도'를 나무토막 같은 것으로 멋지게 조각한 후 집에 잘 모셔놓고 그것을 향해 기도를 올립니다. 이미 그분은 여러분 안에 살고 있는데도 아직도 여러분 밖에서 구하고 있는 것입니다.

제가 상상력의 힘에 대해, 그것이 작용하는 법칙에 대해, 저의 경험을 통해 여러분에게 말씀드려보겠습니다. 저는 제 상상력의 힘을 '시저'의 세상에 연연하며 써 버릴 수도 있습니다. 실제로 우리들 대부분은 매년 우리의 생각 안에서 일어나는 작은 전쟁들을 신경 쓰느라 우리의 힘을 다 써버립니다.

우리는 그렇게 하면서 이 세상에서 일어나는 말도 안 되는 크고 작은 사건들에 우리의 소중한 힘을 사용해 소진시켜버린다고 생각할 수도 있습니다. 그러나 상상력의 힘을 그렇게 사라져버리게 할 수는 없습니다. 잘못 쓸 수 있을 뿐입니다. 상상력의 힘은 새버리거나 사라지는 것이 아닙니다. 타인에 대해, 혹은 저 자신에 대해 사랑스럽지 않은 생각을 품었다고, 그 상상력은 아무런 효과도 없이 허비되지는 않습니다. 저는 이 상상력의 힘을 혐오스럽게 쓸 수는 있겠지만 효과 없이 허비하는 것은 아닙니다. 확실히 이 힘은 허비할 수 있는 것이 아닙니다.

수년전 어느 날 밤 저는 갑자기 두 개의 빛과 같은 형체가 제 주변에 있다는 것을 알아차렸습니다. 그 빛을 인식하고 있는 사람은 바로 저였습니다. 결과적으로 제가 있었던 곳에는 저를 포함한 세 개의 형체가 있었습니다. 그 장면을 인식하고 있는 것은 저였습니다. 제 위로는 제가 상상할 수 있는 것 중 가장 아름다운 여성분이 서 있었습니다. 완전한 천사의 모습이었습니다. 이 세상 모든 아름다움과 사랑스러운 것을 다 가진듯한 천사의 모습이었습니다. 정말로 사랑스러운 천사의 모습이었습니다. 그리고 제 아래로는 제가 생각할 수 있는 가장 끔찍하고 기괴한 모습의 남자가 서 있었습니다. 온몸이 털로 뒤덮여 있었고 마치 원숭이 같은 모습을 하고 있었습니다. 그 남자는 말을 할 줄 알았습니다. 말을 할 때마다 보이는 그 남자의 몰골이 정말 거슬렸습니다. 제가 그 괴물을 쳐다보았을 때 그것 또한 저를 바라보며 제 위쪽에 있는 천사를 가리키며 이렇게 말했습니다. "어머니."

저는 제가 마주친 이 역겨운 괴물 같은 형체에 정말 짜증이 났습니다. 그랬더니 그 남자는 잔뜩 부풀어 완전히 포악해졌습니다. 그것은 폭력을 사랑했습니다. 그것은 난폭함과 폭력을 먹고 사는 괴물이었습니다. 제가 폭력적인 생각을 하는 매 순간마다 괴물은 점점 더 강해져 갔습니다. 저는 이 남자에게 완전히 짜증이 나 있었지만, 이 괴물은 제 머리위에서 아름답게 빛나고 있는 천사를 '어머니'라고 불렀습니다. 저는 화가 나서 그만 괴물을 때리고 말았습니다. 순간 저는 깨달았습니다. 이 괴물의 형체는 바로 제가 사랑스럽지 못한 생각을 무분별하게 품음으로써 잘못 써버린 저의 에너지가 구현되어 나타난 것임을, 그리고 제 위에 있던 아름다운 천사는 제가 즐거워했던 모든 고귀한 생각들이 모여서 의인화되어 나타난 것임을 말입니다. 저는 이 둘에 대해 이전에는 느껴보지 못했던 깊은 친밀함을 느꼈습니다.

저는 이 끔찍한 괴물을 보며 저의 잘못 사용된 에너지가 모인 것임을 깨달았습니다. 그 괴물은 처음부터 태어나지 말아야 했습니다. 저는 제 자신에게 이렇게 말했습니다. "나는 이것을 태어나게 했으니 그 값을 치르겠어. 그렇게 하는 것이 나를 영원으로 데려가 준다면 기꺼이 그 값을 치르겠어." 저는 그 괴물을 저의 한 부분으로 인정하고 받아들였습니다. 어떤 일이 일어났는지 아십니까?

제가 그것을 인정하고 받아들인 순간, 그 역겨운 괴물 같은 사람의 형체, 끔찍하게 보이던 그 형체는 즉 제가 잘못 써버린 힘의 통합체는 점점 작아지고 작아져 그것이 있었던 흔적조차 없이 사라졌습니다. 그것이 작아지고 있는 동안 그 괴물 같은 것에 묶여있던 저의 에너지는 다시 저에게 돌아오고 있었습니다. 괴물이 완전히 작아져 없어진 후 그 괴물의 모든 에너지는 다시 저의 것이 되었습니다. 저는 극한의 힘이 생긴 느낌을 받았습니다. 저에게 무엇이든 할 수 있는 무한한 능력과 힘이 느껴졌습니다. 괴물 같던 사람의 형체가 가졌던 저의 힘은 그에게 사용되어 사라져버렸던 것이 아니었습니다. 그 힘은 그저 잘못 사용되었던 것뿐이었습니다. 상상력의 힘은 그것이 가야할 길을 잃어버리거나 소진되지 않습니다.

나의 신성한 산에 있는 모든 것은 그것이 가야 할 길을 잃지 않더라.

그러므로 여러분은 여러분의 힘을 잃어버릴 수 없습니다. 상상력의 힘을 잘못 사용할 수 있을 뿐, 그것을 잃어버릴 수는 없습니다. 언젠가 여러분은 제가 마주쳤던 그 괴물 같은 것을 마주하게 될 날이 올 것입니다. 그리고 여러분 또한 제가 했던 것처럼 그것을 인정하고 받아들이게 될 것입니다. 그것과 마주하는 순간 여러분으로 활동하고 있던 괴물이 스스로 작아져 없어지기를 기다리는 대신 그것을 여러분의 한 부분으로 인정하고 받아들일 것입니다.

"내가 너를 인정하는 것이 나를 영원으로 데려가준다면 나는 기꺼이 그렇게 하겠다"고 말하는 순간, 우리와 함께 했던 그 폭력적이고 무시무시한 괴물은 점점 작아지고 또 작아집니다. 우리 발아래의 괴물이 작아짐과 동시에 머리위에 있던 천사는 점점 더 밝은 빛을 띠게 됩니다. 괴물이 아주 작아져 소멸된 시점에 천사의 형체는 하늘의 별처럼 찬란하게 빛이 납니다. 아름다운 천사는 여러분의 놀랍도록 멋진 생각들 전부가 찬란하게 빛이 나는 것이며 그 생각들의 변함없는 수호자입니다.

여러분이 사랑스럽고 멋진 생각을 할 때마다 천사는 더욱더 아름다워집니다. 여러분이 잔인하고 포악한 생각을 할 때마다 괴물은 더욱더 추하게 커집니다. 덩치가 커진 괴물은 우리의 귀에 온갖 끔찍하고 난폭한 생각들을 속삭입니다.

여러분이 결정의 교차로에서 갈팡질팡 하고 있을 때에는 이 괴물에게 밥을 주는 것과 같습니다. 더럽고 흉악한 괴물은 난폭함 같은 끔찍한 것들만 먹고 삽니다. 그리고 아름답게 빛나는 천사는 고귀하고 사랑스러운 생각들만 먹고 삽니다.

하지만 이 둘을 창조한 것은 우리 인간입니다. 여러분이 마주하고 있는 두 형상은 여러분의 놀라운 상상력으로 창조해낸 두 개의 다른 형태이며 사실 이 두 형상이 가지고 있는 힘과 그것을 만들어낸 힘은 하나입니다.

이쯤 되면 여러분이 어떤 위치에 있는지 알 것입니다. 여러분은 바로 창조의 힘입니다. 나가셔서 여러분의 세상 안에 있는 모든 것을 더 사랑스럽고 더 고귀한 것으로 변화시키십시오. 물론 여러분은 이것을 바깥에서 하는 것이 아닙니다. 여러분 내면에서 합니다. 여러분은 모든 창조와 변화와 개혁을 여러분의 상상력 안에서 합니다. 상상력은 곧 하느님이며 그 외에 어떤 것도 없습니다. 하느님의 영원한 이름은 바로 'I AM' 입니다. 그것이 바로 유일신이며 그것이 바로 하느님입니다.

그리고 여러분의 상상력 안에서 만날 수 있는 또 다른 형상은 무한한 사랑으로 빛나는 존재의 형상입니다. 여러분은 무한한 힘의 옷으로 갈아입은 이 존재의 형상도 만날 수 있을 것입니다. 그 사람은 무한한 지혜이기도 합니다. 이렇게 이들과 마주하게 될 때 여러분은 여러분의 진정한 존재가 무엇인지 깨닫게 될 것이며 천사와 괴물, 사랑으로 빛나는 사람의 형상과 여러분 모두는 깊은 관련이 있는 존재라는 것 또한 깨닫게 될 것입니다. 하느님은 이 모든 역할들을 합니다.

그분의 기초가 되는 존재는 사랑이지만 그 또한 힘이라는 것을 여러분이 그분을 만나게 되었을 때 비로소 알게 될 것입니다. 여러분은 그분을 힘(권능)으로 볼 것이며 지혜로써 만나게 될 것입니다. "당신은 누구십니까?"라는 질문은 떠오르지도 않을 것입니다. 여러분이 마주하고 있는 그분은 무한한 권능이며 영원한 지혜와 사랑이라는 것을 명백히 받아들일 수 있게 되기 때문입니다. 그리고 성서에 기록된 이야기의 진실을 알게 됩니다. 여러분이 "하느님은 사랑입니다"라고 말할 때 여러분은 무한한 사랑의 존재인 하느님과 마주하고 있는 것이며 그것은 또한 인간입니다.

우리의 과학자들은 객관적이고 물리적인 힘에 대하여 이야기하고 있지만 하느님의 힘은 객관적이거나 물리적인 것이 아닙니다. 매우 인간적이며 사적인 힘입니다. 하느님은 바로 인간이기 때문입니다. 여러분은 모두 인간입니다. 하느님은 여러분 고유의 인성이 배울 수 있는 모든 것 그 이상도 그 이하도 아닙니다.

여기 모인 분들을 포함한 모든 인간이 하느님입니다. 하느님은 곧 인간입니다. 여러분의 행동 하나 하나가 곧 그분의 행위이며 그것은 참으로 개인적인 것입니다.

여러분은 여러분이 이미 지니고 있는 힘으로 하느님이 되겠습니까? 그분을 영원한 지혜로 만나보겠습니까? 그분을 무한한 사랑으로 만나보겠습니까? 그분은 인간입니다. 그분은 여러분입니다.

제가 오늘 강연하는 힘은 바로 오늘 여기에도 있습니다. 여러분의 놀라운 상상력입니다! 그것 이외에 다른 어떤 우상에게도 시선을 돌리지 마십시오. 여러분의 상상력, 그것 밖의 세상에 주의를 돌리지 마십시오. 상상력은 여러분 안에 있습니다. 하느님의 왕국이 바로 여러분 안에 있습니다. 그리고 하느님은 그의 왕국에 거하고 있습니다.

"나의 안으로 시선을 돌리라고요? 그럼 내안의 어디로 시선을 돌려야 합니까?"라고 질문할 수도 있을 것입니다. 나의 놀라운 상상력으로 시선을 돌리면 됩니다. 그 후 여러분과 저는 각자의 세상 안에서 원하는 것을 경험하거나 소유하는 상상을 합니다. 그리고 스스로에게 이 상상은 현실이며 진실이라고 설득하여 그것을 받아들이게 합니다. **여러분이 설득되어 상상의 장면에 믿음이 더하게 되었을 때 여러분이 상상했던 소망은 실재하게 됩니다.** 상상했던 장면은 세상이 '현실'이라고 부르는 것에 맞추어 그것을 밖으로 꺼내놓고는 스스로를 닫습니다. 우리는 우리가 현실이라고 부르는 것이 실제라고 생각하지만 '실제'라는 것은 우리가 볼 수 있는 것이 아닙니다. 진정한 현실은 사실 우리가 상상했던 **보이지 않는 상태**를 가리킵니다.

여러분이 떡갈나무를 가져와 두 조각을 낸다고 해도 그것은 서서히 스스로 회복합니다. 그러나 그 회복의 과정을 우리의 눈으로는 볼 수 없습니다. 어린 양은 한밤중에 도살장에 끌려가 죽음을 맞이했지만 현실은, 즉 그 어린 양을 만들어낸 현실은 영원히 사람들의 눈으로 볼 수 없는 것입니다. (*역주 : 여기에서 어린 양 the little lamb은 서양의 동요 'Mary has a little lamb'을 의미한다. Mary는 성모 마리아를 의미하며 그녀의 little lamb은 그녀의 아들 예수 그리스도로 상징되었다고 말해진다. 블레이크는 이 동요를 1794년에 자신의 시에서 인용했다.)

여기에 우리의 아름다운 세상이 있고 여러분은 하느님의 힘을 가지고 있습니다. 여러분의 소망을 이루는 데에 돈의 힘이나 권력 같은 것은 여러분에게 필요하지 않습니다. 그것들은 사실 여러분에게 아무것도 해주지 못합니다. 여러분은 그것들로 도움을 사지는 않습니다. 도움은 요청 하는 것입니다. 여러분은 또한 돈으로 존경을 사지는 못합니다. 돈이나 권력을 가짐으로 잠시 존경 받을 수는 있겠지만 돈과 권력이 사라지면 어떻게 될까요? 그것은 진심으로 존경받는 것이 아닙니다. 여러분이 원하는 것을 사기위해 필요한 것은 이 시저의 세상에 존재하지 않습니다.

너희에게 이르노니 나에게 오라. 나에게 와서 가격표 없이 사라. 돈 없이 구입하라!

여러분은 '돈'이라는 것을 '시저의 동전(*시저는 세속의 힘을 칭한다)'들로 생각할 것입니다. 그것들로는 아무것도 살 수 없습니다. 저 말은 바로 무엇을 얻기 위해 돈을 지불하는 대신 여러분 **고유의 경이로운 상상력**을 사용하라는 말입니다.

제 친구의 이야기를 여러분에게 들려드리겠습니다. 아래쪽 도시에 살고 있는 저의 친구는 늘 가던 이발소에 가게 됩니다. 그곳에는 네 명의 이발사가 있었습니다. 친구는 그 이발소의 주인이었던 이발사에게 이발을 하곤 했습니다. 세 번째쯤 그 이발소를 방문하였을 때 주인 이발사가 예약 손님이 너무 많아 신입 이발사에게 이발을 하게 되었습니다. 신입 이발사는 그 가게의 네 명의 이발사 중 가장 경험이 적은 사람이었습니다. 이 일은 지난해에 제 친구에게 벌어진 일입니다.

신입 이발사는 제 친구에게 "오늘의 가장 멋진 손님이십니다"라고 말하면서 친구의 머리카락을 매만지기 시작했습니다. 친구는 신입 이발사의 행동을 보면서 그가 자신의 직업을 매우 사랑하고 있다는 것을 알아차렸습니다. 그는 이발하는 것을 정말로 좋아했습니다. 제 친구가 필요한 것은 그것뿐이었습니다. 친구는 물었습니다. "당신은 정말로 이 일을 좋아하세요?" 그가 대답했습니다. "예, 정말로 기쁘고 행복한 직업입니다. 저는 이발하는 것을 아주 좋아해요. 사람들의 머리카락을 만져주는 것이 저에게는 천직입니다."

이 말을 듣고 제 친구는 그를 위해 이런 일을 했습니다. 신입 이발사가 자신의 가게를 갖고 있는 것으로 상상했습니다. 그 이발소의 주인이나 자신의 머리를 만져주던 신입 이발사와는 한 마디 상의도 하지 않았습니다. 그리고 자신이 상상한 것을 아무에게도 말하지 않았습니다.

친구는 그 신입 이발사가 마음에 들었기에, 신입 이발사를 그가 일하고 있던 가게의 주인으로 상상하기 보다는 자신만의 다른 이발소의 주인이라고 상상했습니다. 6주가 지난 후 신입 이발사는 그 가게를 주인으로부터 넘겨받게 됩니다. 그 신입 이발사가 가게를 인수할 돈을 어떻게 마련했을까요? 제 친구는 돈에 대한 이야기는 저에게 해주지 않았습니다만 어쨌든 신입 이발사는 자신이 일하던 가게를 인수받게 되었습니다. 물론 신입이었던 그의 직급은 그 가게의 사장이 되면서 그 이발소의 가장 높은 직급이 되었습니다.

두 달 전쯤, 그러니까 작년에 이 이발사는 미용대회에 참석하기 위해 이 도시에 왔었습니다. 미용대회 참석을 위해 도시에 오는 것이 그에게는 큰 기쁨이었습니다. 사장님이 된 이발사는 그의 직원 두 명과 함께 미용대회에 함께 참석했습니다. 나머지 한 명은 그날 일이 있어 참석을 못했다고 하더군요. 어쨌든 그 이발사는 직원 두 명과 함께 대회에 참석했습니다. 그리고 그들은 5개의 상 중에 무려 4개의 상을 휩쓸고 돌아갔습니다. 사장이 된 이발사가 대상과 금상을 받았고 그의 직원 두 명이 각각 은상과 동상을 받았습니다. 그리고 그들은 다른 주에서 열리는 미용대회에도 참석해 상을 휩쓸었고 상금으로 $1,000까지 받을 수 있었습니다. 돈은 이제 그의 주머니에 넘쳐나고 있었습니다. 이 모든 것은 바로 제 친구의 상상력 덕분이었습니다.

제 친구는 자신의 상상력을 놀라울 만큼 잘 통제할 수 있는 사람입니다. 그 친구는 이번 년도 초까지 어떤 회사의 광고 기획자로 일하고 있었습니다. 사장이 어느 날 제 친구를 불러 회사의 계좌를 보여주고는 이렇게 이야기 했다고 합니다. "지금 우리가 가진 투자금이 우리 회사를 운영할 수 있는 최대한의 돈일세. 나는 이것을 모두 허튼 곳에 넣어서 잃고 싶지는 않네. 그렇지만 자네도 알다시피 요즘 광고 시장은 돈을 얼마나 많이 돌리느냐에 손익이 달려있지. 우리는 어떻게 해서든 더 많은 돈을 벌어들여야 해."

　제 친구는 저에게 이렇게 말했습니다. "상상력이 현실을 창조한다면 제가 해야 할 일은 자신들이 스스로 현명하다고 믿고 있는 우리 투자자들을 불러다 이번 광고캠페인을 완전히 맡길 수 있도록 설득하는 일이겠죠. 물론 그들의 상상력을 이용해 이미 그 일은 나에게 맡김으로 인해 어마어마한 수익을 남겼다는 것을 심어줘야겠어요. 전 우리의 상상력을 현실로 불러내는 것이 가능하다는 것을 우리 투자자들에게 광고할 자신이 있습니다. 제가 저의 상상력을 시험해 보았고 그것이 작용하는 것을 눈으로 똑똑히 보았으니 의심할 여지가 없는 것 아니겠습니까?"

　광고 기획자였던 제 친구는 20명의 회사 투자자들을 불러 모았습니다. 모두 억만장자들이었죠. 친구의 회사는 꽤 유명한 광고기업이었습니다. 세계적인 기업이었죠. 그 친구는 투자자들을 설득할 계획을 세운 후 20명의 투자자들 앞에서 설명회를 시작했습니다. 그날 모인 투자자들은 모두 거물급 인사들이었습니다. 그들의 도덕이나 윤리적 가치관은 보통의 사람들과는 달랐습니다. 그들은 모든 것이 자신의 발아래에 있다고 생각하는 사람들이었습니다. 그러나 제 친구는 그곳에 모인 투자자들을 설득하는데 성공했습니다. 설명회에서 상상력이 현실을 만든다고 주장하면서 법칙이 어떻게 작용하는지에 대해 자세히 설명해 주었습니다. 그리고 투자자들에게 물었습니다.

"자, 여러분은 이제 어떤 것이 스스로 창조되기를 원하십니까? 저에게 맡기십시오. 저는 이 자리에서 여러분이 원하는 것들을 제 것으로 만들어 이미 일어난 일인 것처럼 상상하기 시작할 것입니다. 여러분이 할 일은 그저 원하는 것에 대한 목소리를 내는 것뿐입니다."

그러고 나서 그는 상상력을 사용해 올해 상반기 광고업계의 경제 하락을 중단시킬뿐만 아니라 그들의 성장률이 아닌 금년 상반기 순이익을 75억달러로 끌어올릴수 있다고 선언하였습니다. 그 자리에 모였던 20명의 투자자들은 제 친구의 말에 완전히 마음을 열었습니다. 그들의 상식이나 도덕, 윤리관 따위는 창밖으로 던져버렸습니다. 결과적으로 투자자들은 회사 은행에 돈이 쌓여가는 것을 보았습니다. 그들의 순 이익 75억 달러가 차곡차곡 은행에 쌓여가는 것을 보며 그들이 믿어왔던 상식들을 전부 마음에서 떠나보냈습니다. 20명의 투자자들은 자신들이 몰랐던 새로운 방법을 알게 되자 그들이 가지고 있던 낡은 사고들을 완전히 버리고 새로운 방법에 마음을 열게 되었습니다.

제 친구의 경쟁회사에 다녔던 사람이 보낸 편지를 읽은 적이 있습니다. 그분 또한 광고업계에 종사하던 분이었습니다. 그분은 제 친구 회사의 사장에게 편지를 보냈습니다. 편지에는 이렇게 적혀있었습니다.

"제가 사장님을 존경하고 있다는 것은 잘 알고 계실 것입니다. 사장님께서는 우리 광고업계에서 늘 쓰던 방법으로 이번년도 수익을 얻으셨더군요."

이것은 거짓말입니다. 그 편지를 보낸 분은 상상력에 대해 전혀 알지 못하는 분이셨습니다.

"저는 사장님께서 회사 수익을 위해 무엇을 했는지 정확히 알고 있습니다."

이 편지는 온전히 제 친구의 사장을 떠보기 위한 목적으로 쓰였습니다. 편지에는 그분이 회사 수익을 올렸던 방법에 대해 아주 잘 알고 있으며 항상 그 방법으로 자신의 회사 수익도 올려왔었다고 적혀있었습니다. 사장에게 보내왔던 그 편지는 제 친구를 꾀어내어 회사 수익을 올렸던 방법을 찾아내려는 수단이었습니다.

세상의 어떤 사람도 상상력의 법칙을 깨닫고 매일 실천하면서 그것과 온전히 함께 살지 않는 이상 이런 일을 해낼 수 없다는 것을 우리는 알고 있지 않습니까? 그 편지를 보낸 분이 어떤 종교를 가지고 있는지는 우리가 상관할 일이 아닙니다. 그분은 카톨릭일 수도 있고 팔레스틴이나 기독교 혹은 유태교 신자일수도 있습니다. 어떤 것이든 관계없습니다. 그분의 종교가 무엇이든 **법칙**

에 살아야만 가능한 일입니다.

저는 그 편지를 읽었습니다. 그 편지를 쓴 분은 편지를 통해 낚시질을 하고 있었습니다. 누군가 그 편지에 유인되어 미끼를 물고 난 다음 수익을 올렸던 방법에 대해 자세히 설명해주기를 바라면서 말이죠.

제 친구는 앞서 말씀드렸던 이발소에서도 똑같은 법칙을 적용했습니다. 친구는 매주 토요일 아침 이발소에 갑니다. 신입 이발사가 제 친구를 맞으며 이발소 문을 열어줍니다. 매주 토요일 아침 그는 그 신입 이발사와 즐거운 대화를 나눕니다. 그는 신입 이발사를 매우 좋아했었기에, 그 이발사를 신입에서 사장으로 끌어올려주었습니다. 제 친구는 이발을 하면서 신입 이발사가 이발하는 것을 정말 사랑한다는 것을 깨달았습니다. 사람들의 머리를 매만지는 것, 그것이 그 이발사가 사랑하는 직업이었습니다.

좋습니다. 당신이 이렇게 당신의 직업을 사랑한다면 최선을 다하십시오. 그 업계에서 최고가 되십시오. 당신은 무엇을 원하십니까? 당신의 아내분이 당신이 벌어다주는 돈으로 집에서 충분히 휴식하며 살림하기를 원하십니까? 아니면 다른 소망이 있으십니까? 당신 소망의 전체적인 내용을 저에게 알려주십시오. 당신의 아내가 생계를 위해 일하는 것이 창피합니까? 그게 무슨 문제입니까? 제 어머니는 평생 집에서 보내셨습니다. 한 번도 일을 해보신적이 없었습니다. 제 어머니는 10명의 자녀를 두었고 그들을 보살피느라 평생을 집에서 사셨습니다. 혼자 집안일을 하기 힘드셨던 어머니는 집안일을 돌보는 하인들을 고용해야 했죠. 저의 여동생도 일을 해본 적이 없습니다. 제 여동생도 하인들과 함께 집안일을 하고 있죠.

제 아내는 일을 했습니다. 아내가 집안일을 하며 맘 편히 집에 있을 수 있을 만큼의 수입이 저에게 생길 때까지 아내는 일을 했습니다. 저에게 충분한 수입이 생기게 되었을 때 저는 제 아내에게 이제 그만 집에서 쉬어도 좋다고 했습니다. 그래서 제 아내는 일을 그만두었고 지금은 집안일을 하며 집에서 쉬고 있습니다. 그렇게 되기까지 2년이 걸렸습니다. 결혼한 지 2년이 된 후에 저는 아내를 집에서 쉬게 할 수 있었고 가사도우미도 고용할 수 있었습니다.

자, 당신이 원하는 것이 무엇인지 제게 말씀해 주십시오. 그럼 저는 당신이 원하는 것을 이미 당신이 가지고 있다고, 저를 설득해서 믿게 하겠습니다. 당신이 원하는 것을 이미 가지고 있다는 것이 저에게 완벽한 현실로 느껴질 때까지 저를 설득한다면 당신의 소망은 현실이 될 것입니다. 만약 제가 그렇게 할 수 없다면 저 자신을 설득하는 것에 실패한 것입니다. 되든 안 되든 최소한 저는 제 에너지를 잘못 쓴 것은 아닙니다. 어쨌든 저의 에너지는 당신을 위해 아름다운 곳에 쓰인 것입니다.

여러분이 다른 이들을 위하여 아름다운 상상을 할 때마다 여러분은 여러분의 에너지를 현명하게 쓰고 있는 것입니다. 다른 이들을 위한 상상이 여러분이 찾던 성공적인 결과를 펼치지 못하게 되었을지라도 여러분은 상상의 힘을 현명하게 쓴 것입니다. 그렇게 한다면 여러분은 제가 만났던 괴물과 마주하지 않을 것입니다.

그러나 거의 모든 사람들이 자신이 알지도 못하는 사이에 마음속에 그 괴물을 만들어내고 있습니다. 다시 말해 자신의 에너지를 잘못 사용하고 있습니다. 잘못 사용된 상상력의 에너지는 끔찍하고 역겨운 그 괴물의 형태를 빚어내기 시작합니다. 여러분은 "도대체 이런 생각은 어디서부터 나온 거지?"라고 한번이라도 고민해본 적이 있습니까? 그 생각은 사랑스럽지 못한 생각이었을 것입니다. 그 생각은 잘못 쓰인 에너지로 인해 여러분이 여러분 마음 안에 만들어놓은 형체로부터 흘러나온 것입니다.

언젠가 여러분이 직면해야 할 때가 되면 반드시 만나게 될 괴물 같은 형체입니다. 그렇게 되면 여러분은 그 괴물에 대한 책임을 지고 그 괴물을 구원해야만 합니다. **그리스도**는 구원되어야 하기 때문입니다. 비록 **그리스도** 스스로는 구원자일지라도 또한 구원되어야 하는 존재입니다. 왜냐하면 **그리스도**는 단 하나의 에너지이기 때문입니다. 그가 바로 THE POWER, 힘이기 때문입니다. 무한한 창조의 힘. 그것이 바로 그리스도이기 때문입니다. 하느님의 힘. 제가 지금껏 여러분에게 말씀드려온 그 힘이란 바로 여러분의 놀라운 상상력입니다. 상상력이 바로 하느님입니다.

**인간의 모든 것은 상상력이며 하느님은 곧 인간이다.
그리고 하느님은 우리 안에 거하고 계시며
우리들 또한 그분 안에 살고 있다.**

이것은 곧 영원한 인간의 몸체는 상상력이며 그것이 하느님 자신이라는 말입니다. 성스러운 그리스도의 몸을 구성하는 것은 바로 우리들입니다. 모든 사람들은 우리들의 팔과 다리들이 하나의 몸을 구성하기도 전에 이미 상상하는 능력을 가지고 있습니다. 이것이 바로 잠언 8장의 내용입니다.

내가 그 곁에 있어서 창조자가 되어 날마다 그의 기뻐하신 바가 되었으며 항상 그 앞에서 즐거워 하였으며 (잠언 8:30)

대저 나를 얻는 자는 생명을 얻고 여호와께 은총을 얻을 것임이라 (잠언 8:35)

그러나 나를 잃는 자는 자기의 영혼을 해하는 자라 나를 미워하는 자는 죽음을 사랑하느니라 (잠언 8:36)

그러므로 하느님을 발견하는 자는 위로부터 태어난 자이며, 위로부터 태어난 자가 아니라면 하느님의 왕국에 들어갈 수 없습니다. 위로부터 태어난 것을 성서에서는 천 조각에 싸인 하느님의 어린 자녀로 상징하고 있습니다. 이 이야기는 2000년쯤 전에 일어난 사건이 아닙니다. 이 이야기는 지금도 실제로 일어나고 있는 일입니다.

성서의 이야기를 여러분이 자신 안에서 나타나게 하십시오. 여러분의 것으로 만드십시오. 복음서의 이야기를 믿고 회개하십시오. 회개라는 것은 여러분 스스로에게 도전하라는 말입니다. 단순히 여러분 스스로를 시험해보라는 말입니다.

여러분은 가장 낮은 직급에 있었던 신입 이발사를 이발소의 주인으로 만들 수 있습니까? 그럴 수 있다고 생각한다면 한번 직접 시도해 보십시오. 저의 친구는 그 신입 이발사를 아주 좋아했습니다. 그래서 신입 이발사를 그가 원하던 모습으로 보기 시작했습니다. 친구는 자신의 마음의 눈을 통해 신입 이발사가 아닌, 그가 인생에서 원한다고 했던 모습으로 바라보기 시작했습니다. 그 후 신입 이발사의 인생은 바뀌어 승승장구하였고, 마침내 그 이발소의 주인이 되었습니다. 지금 그는 서부 미용대회의 모든 상들을 휩쓸고 있습니다.

그리고 그 일을 만들었던 광고기획자인 제 친구는 자신의 운명 역시도 스스로 써내려가고 있습니다. 사장은 제 친구가 회사에 계속 남아있기를 바라면서 1년에 서너 번씩, 부탁한 적도 없는 어마어마한 액수의 보너스를 주는 것도 모자라 그가 원하는 것이 무엇이냐고 물었습니다. 물론 그는 회사를 그만둘 생각이 전혀 없는데도 사장은 그를 회사에 붙잡아두려고 안달이 나 있습니다. 친구에게 보너스를 주고 또 주었죠. 어리둥절하던 제 친구는 결국 "좋아. 나에게 당연히 오는 돈이므로 받아야지"라고 생각했습니다. 받지 말아야 할 이유는 또 무엇입니까?

저는 여기 계신 분들 모두 이것을 한번 시험해 보라고 권하고 싶습니다. 제 강의를 듣고 계시지만 말고 가서 직접 시험해보십시오. 여러분이 바로 모든 일을 일어나게 하는 힘입니다. 힘은 스스로 제멋대로 작용하지 않습니다. 자, 지금 여러분의 머릿속에 "나는 지금 뭘 해야 할지 알고 있어"라는 생각이 일어났습니까? 그렇다면 도전하십시오. 그 생각을 따르십시오.

여러분은 오늘밤에도 물론 잠자리에 들 것입니다. 좋습니다. 여러분은 잠자기 전 어떤 의식을 지니고 잠자리에 들겠습니까? 여러분은 어떠한 상태로 잠에 들 것입니까? 여러분이 원하지도 않는 못마땅한 상태로 잠에 들겠습니까? 그렇다면 여러분은 그 다음날 원하지도 않는 못마땅한 상태로 잠에서 깨게 될 것입니다. 현실의 진실 같은 것은 무시하고 여러분이 원하던 모습을 사실로 받아들이십시오. 현재 여러분의 현실이 어떤 모습이든 그대로 놓아두고 여러분이 부유하고 풍요롭다는 것을 사실로 받아들이십시오. 그리고 나서 여러분의 세상이 어떻게 변화되는지 지켜보십시오.

모든 것은 여러분에게로 오게 되어있습니다. 여러분이 바로 무한한 창조의 힘으로 여러분의 소망을 이루어내고 있기 때문입니다. 여러분은 소망을 이루기 위해 이 세상에 있는 어떤 배경도 인맥도 필요하지 않습니다. 소망을 이루기 위해 재산가를 찾아다닐 필요도 없습니다. 아무것도 필요하지 않습니다. 여러분이 만나야 할 것은 단지 **그리스도** 하나일 뿐이며 그것은 여러분의 **놀라운 상상력**이라는 것만 알면 됩니다.

하느님을 아는 것 이외에 여러분이 알아야 할 것이 도대체 무엇이란 말입니까? "하느님은 저기에 계시며 이렇게 생기신 분이다"라고 말할 수 있는 사람은 아무도 없습니다. 성서에는 예수 그리스도의 사생활에 대한 기록이 없습니다. 성서에는 예수 그리스도의 외모에 대한 언급도 전혀 없습니다. 그럼에도 불구하고 우리의 **예수 그리스도**는 수백 개의 그림과 조각으로 묘사되어 있습니다. 하나도 닮은 것이 없습니다. 그중 어떤 것도 예수 그리스도와 닮은 것은 없습니다. 그림들과 조각상들이 예수 그리스도가 어떻게 생겼는지 여러분에게 말해주나요?

제가 말씀드리겠습니다. 예수 그리스도는 여러분과 똑같이 생겼습니다.

성서에서 말하는 것처럼 우리가 무엇인지는 아직 드러나지 않았습니다. 그러나 우리는 지금 여기서 이야기한 것만큼은 우리 자신에 대해 알고 있습니다. **하느님께서 나타나시면 우리는 그와 같을 줄을 압니다.**(요한일서 3:2) 우리가 무엇을 보고 그와 같을 줄을 알겠습니까? 하느님이 여러분의 눈앞에 드러나게 되면 그 하느님은 바로 여러분과 같은 모습을 하고 있기 때문입니다.

어떤 사람도 여러분에게 하느님이 여러분과 다르다고 말하게 하지 마십시오. 왜냐하면 여러분이 아니라면 **그리스도**가 아니기 때문입니다. 여러분을 설득하기 위해 어떠한 사람이 다가와 그리스도는 여러분이 아니라고 말한다고 해도 이미 다져진 여러분의 마음 안에는 여러분 이외의 어떠한 이미지도 떠오르지 않을 것입니다.

우리가 사는 세상에는 저마다 작은 '면죄부'들이 판을 칩니다. 사람들은 조각이나 그림들을 사서는 그것에 절하면서 **그리스도**라고 부릅니다. 사람의 손으로 직접 조각하여 만들어 놓고는 그것을 만든 것이 사람이었다는 것을 잊어버립니다. 그러고는 인간의 손으로 만들어진 그것을 찬양하곤 합니다. 만든 이가 있다는 것을 잊지 마십시오. 어떤 것이 있다면 그것을 만든 자도 존재합니다. 창조자를 잊지 마십시오. 창조자란 바로 여러분의 놀라운 상상력입니다.

세상에 만들어진 어떤 것도 여러분보다 우위에 있을 수는 없습니다. 여러분이 창조자이기 때문입니다. 여러분은 어마어마한 부자를 만들어낼 수 있습니다. 여러분의 상상력 안에서 부자의 모습을 데려다 놓으십시오. 여러분은 이 밖에도 또 다른 어떤 것을 만들어낼 수 있습니다. 여러분이 세상에 만들어낼 수 있는 모든 것은 여러분의 상상력 안에도 존재하고 있습니다. 이것이 오늘 강연의 주제인 힘 THE POWER입니다. 흔히 이 세상에서 말하는 권력이나 재력에 관한 이야기가 아닙니다.

제가 최근에 고향인 바베이도스를 방문하였을 때가 생각납니다. 지금은 바베이도스에서 꽤 부자가 된 제 형님이 저에게 어떤 사람들에 대한 이야기를 해줬습니다. 우리가 이야기하는 내내 형님은 지금 자신이 무엇을 말하고 있는지를 깨닫지 못하고 있었습니다. 형님은 다섯 명의 부자에 대한 이야기를 했습니다. 모두 굉장한 자산가들이었습니다. 그들이 재산을 모으기 위해 얼마나 열심히 일했는지에 대해 상세히 설명해줬습니다. 엄청난 부자들이라고 거듭 강조하면서 말입니다. 저는 형님에게 이렇게 물었습니다.

"형님은 그 사람들을 존경하십니까?"

"당연하지. 이들은 모두 힘 있는 사람들이야. 대단한 영향력이 있지." 저는 다시 이렇게 말했습니다.

"무엇을 보고 그들이 힘을 가진 사람이라고 하는 겁니까? 형님은 방금 다섯 명의 부자에 대한 일대기를 말해줬는데 그 이야기를 토대로 저는 그들의 이미지를 그려보았습니다. 형님이 묘사한 다섯 명 중 마지막 사람은 이제 겨우 63세일뿐인데, 그분이 250억 달러를 가지고 있다고 하셨죠? 이제 겨우 63세일뿐인데 그분은 나이보다 너무 늙은 것처럼 보입니다. 언제 먹어야 하는지 알려주어야 하고 자신의 이름도 기억 못하는데다가 일상생활조차 힘든 분입니다. 그분은 아무것도 분간하지 못합니다. 심지어 음식을 떠먹여주면서 '씹어야 합니다'라고 말해야만 턱을 움직이고, '삼켜야 합니다'라고 말해야만 음식을 넘기죠. 그분이 250억 달러를 가지고 있는 것은 사실이겠지만, 그래서 그 250억 달러가 그분께 무슨 의미죠? 형님에게는 그게 또 무슨 의미입니까?

"다른 네 사람들은 자신의 모든 시간을 돈을 버는데 써버립니다. 형님이 말했던 그 사람들은 그저 돈을 만들기만 하고 있습니다. 인생을 그저 돈을 버는데 써버리고 있는 겁니다. 물론 제가 상관할 문제는 아닙니다. 이분들 중 누구라도 저와 마주친다고 해서 저는 그분을 제가 넘어야 할 장벽이라고 생각하지는 않을 겁니다. 250억 달러를 가진 그분은 확실히 부자입니다. 그런데 정작 그분은 자신이 10달러를 가지고 있다는 것조차 깨닫지 못하고 계시네요. 형님의 사람에 대한 정의가 이런 겁니까? 제가 가지고 있는 '사람'에 대한 개념과는 완전히 다릅니다. 저의 사람에 대한 다른 개념에 대해 말해보겠습니다.

"형님은 그 사람들과 다릅니다. 형님도 10억 달러나 가지고 계시죠. 그런데도 이분들처럼 몇 백억 달러를 가지기를 원하시는 거예요? 이분들처럼 되길 원하세요? 이분들은 자신들의 전 생애를 돈을 벌고 돈을 만지고 돈을 경배하는데 바치면서 물질에 집착해 가고 있습니다. 형님도 물질을 경배하기 시작한 겁니까? 형님은 하느님을 경배하셨으면 좋겠습니다. 하느님은 바로 형님의 놀라운 상상력이에요. 절대로 이것을 잊지 마세요, 형님!

"지금 형님이 사들인 건물이 오늘밤 불에 타 없어진다고 가정해볼게요. 그게 무슨 상관입니까? 형님은 어떻게 지금 이 건물을 형님의 것으로 만들었는지 이미 알고 있잖습니까? 그것을 통해 다른 건물을 하나 더 만들면 그만이에요. 내일 형님의 모든 것이 불에 타 없어지더라도 괜찮습니다. 눈에 보이는 이 세상에서 형님이 모은 재산에 대해 너무 걱정하지는 마세요. 하느님을 찾고 오로지 하느님만을 경배하세요.

"하느님은 밖에 있는 어떤 것이 아닙니다. 하늘에서 하느님을 절대 만날 수 없어요. 형님 안에서만 만날 수 있어요. 형님은 형님 자신을 볼 수 있지 않으십니까? '나는 사람이다'라는 것을 보실 때 형님께서는 '사람'이 반사되어 있는 것을 보는 겁니다. '나는 가난한 사람이다'라고 자신을 여기고 있는 사람을 형이 보게 된다면 형의 눈에 비춰진 그 사람은 가난한 모습일 겁니다. 형님은 형님이 자신에 대해 생각할 수 있는 모든 관념들을 그것이 무엇이든 다 받아들일 수 있고, 그것은 또 형님의 모습으로 나타날 겁니다. 그러나 그러한 개념을 품고 상상하는 존재는 볼 수가 없습니다. 그것이 바로 하느님이죠.

"나 자신에 대해 '나는 이렇다', '나는 저렇다'라고 정하는 주체, 그것이 바로 하느님입니다. 그렇게 '나'로 받아들인 개념들은 세상 안에 드러날 것이며, 그것은 다른 사람들이 나에게 대하는 행동으로 내가 과연 나 자신에 대해 어떤 개념을 받아들였는지를 알 수 있게 만들죠. 그러나 내가 진정 누구인지는 아무도 알지 못합니다. '생각을 품는 자' 혹은 '상상하는 자' 그것이 바로 '나'임을 다른 이들은 알지 못합니다. 그러나 다른 이들은 내가 나 자신을 어떻게 규정했는지는 알 수 있습니다. 그것은 외부로 나타나니깐 말이죠.

"제 통장의 잔고는 제 통장을 관리하는 은행원에게, 제가 경제적으로 어떤지를 알려줍니다. 이것과 비슷하게 사람들은 모두 다른 이들이 스스로에게 규정한 '개념'들을 보게 됩니다. 하지만 '개념을 정하는 자' 즉 '생각을 품는 자,' '상상하는 자'를 보지는 못합니다. **상상하는 자**를 절대 잊지 마세요. 그것이 바로 하느님입니다. 그것은 바로 형의 놀라운 '자아(I AMNESS)'이죠. 그것이 하느님입니다. 그것 이외에 절대로 다른 하느님은 있을 수가 없습니다.

"상상력, 곧 하느님인 그것은 잠재적으로 무한합니다. 그러나 실제로 하느님은 무한하지는 않죠. 왜냐하면 그렇게 된다면 형은 죽게 될 테니까요! 하느님은 스스로를 확장하지 못합니다. 하느님은 하느님인 것보다 더 나아갈 수는 없기 때문이죠. 하느님에게 한계라는 것은 없으나 스스로를 확장시키지는 못합니다. 하느님인 것보다 더 크게 확장할 수 있을까요? 그러나 하느님은 자신을 한계지음으로써 작아질 수는 있는데, 단 하나 그런 것이 있습니다. 스스로 '네빌'이 된 것! 그러나 이 한계마저도 사실 확정적인 것은 아닙니다. 지금 하느님은 회개의 법칙을 제 안에서 연습하고 또 연습해서 스스로 만들었던 불분명한 한계의 껍데기를 깨었거든요.

"형님! 저는 저의 상상력을 훈련시키고 있습니다. 그러자 하느님이 한계의 껍데기를 부수고 나오셨습니다. 지금 제 안의 하느님이 본래의 모습을 되찾는데 방해가 되는 한계란 없어졌습니다. 하느님이 명백히 나타나게 하는 것을 막는 한계가 이제는 없어졌습니다. 그분 스스로가 만든 단 하나의 한계는 인간을 통한 죽음이지만 사실 그것마저도 이제 불투명합니다. 하느님은 잠재적으로 무한한 가능성 그 자체이죠."

여기 모인 분들 모두 하느님의 놀라운 **창조의 흐름**에 합류하는 중이며, 여기서 제가 말하는 **창조의 흐름**이란 하느님과 하나됨을 의미합니다. 오늘 여러분은 제 강의를 통해 이 진리에 대해 들었습니다. 귀로 듣고 흘려보내지 마십시오. 시도해 보십시오. 여러분의 상상력을 아찔한 시험에 들게 해보십시오. 그런 후에 다른 분들에게도 알리십시오. 그리고 그분들이 또 다른 분들에게 알리도록 하십시오. 좋은 소식들을 세상에 전해주십시오.

이러한 행위가 **복음의 전파**입니다. 복음이란 단어는 간단하게 **좋은 소식**이라는 뜻입니다. 하느님의 좋은 소식이라는 의미입니다. 우리들의 하느님은 인간이 되었고 그 인간은 어느 날 다시 하느님이 될 것입니다. 그렇다면 하느님이란 I AM입니다. 제가 '나는(I AM)'이라고 말할 때 그것은 저의 가장 내면에 자리한 저의 핵심이 되는 존재를 부르고 있다는 것을 알고 있습니다.

'나는(I AM) 아프다. 나는(I AM) 병이 있다'고 말합니다. 저는 언젠가 저를 괴롭히던 '병'으로부터 떠날 수는 있지만 나의 존재인 I AM으로부터는 떠날 수 없습니다. 저는 부자가 되는 것을 버리고 아주 가난해질 수도 있습니다. 그러나 저는 I AM인 저의 존재를 버릴 수는 없습니다. 하느님은 제 존재의 핵심을 구성하고 있습니다. 저의 중심입니다. 그것이 나의 존재입니다. 나를 만든 이가 하느님이라면 그것이 저의 존재입니다. 하느님이 나라는 인간이 된 것입니다. 하느님은 내 안에 실제로 살고 있습니다. 저는 언젠가 다시 하느님이 될 수도 있습니다.

하느님 자신이 '네빌'이라는 한계를 쓰고 있는 것이며 그렇다면 언젠가 '네빌'은 한계 없이 영원히 확장되어가고 있는 하느님의 본 모습으로 돌아가게 될 것입니다. 여러분 오늘밤부터 당장 시험해보십시오. 이 세상에 있는 무엇을 가지고 하셔도 좋습니다. 시험해보십시오.

아직 결혼하지 못한 분들이 있다면 –결혼하고 싶은 분에 한하여 말씀드리는 것입니다– 세상의 어떤 것이 여러분이 결혼했음을 나타내는 것일까요? 우리나라에서는 작은 반지를 끼는 것이 결혼을 나타냅니다. 여기 네 번째 손가락에 작은 반지가 끼워져 있는 것이 결혼을 상징하는 것 아니겠습니까? 다른 손가락이 아닌 네 번째 손가락입니다. 반드시 반짝이는 다이아몬드 반지를 끼고 있어야 하는 것은 아닙니다. 그저 단순한 디자인의 금반지여도 상관없지 않겠습니까? 여러분이 반지를 끼고 있다는 것은 결혼을 한 상태라는 것을 나타냅니다. 오늘밤 반지를 끼었다고 가정한 후 잠에 드십시오. 실제 손가락에 끼우지는 마십시오. 상상력의 손가락에 반지를 끼우고 상상력 안에서 그것을 느껴보십시오. 할 수 있습니다. 결혼한 모든 상태를 느껴보십시오. 느끼실 수 있겠습니까? 손가락을 만져 보십시오. 차가운 금속의 느낌을 한번 느껴보십시오. 느끼고 또 느껴보십시오.

여러분은 결혼한 상태와 그렇지 않은 상태에서의 손의 느낌을 구별할 수 있겠습니까? 여러분은 상상 속에서 테니스공의 느낌과 야구공의 느낌 그리고 비단 조각의 느낌을 모두 구별할 수 있습니다. 그렇듯이 여러분의 상상력 안에서 구별되지 않는 것이란 아무것도 없습니다. 제가 언급한 모든 사물들은 여러분의 눈에는 보이지 않는 상태이지만 존재하고 있는 것이 확실합니다. 확실히 존재하는 것들입니다. 만약 제가 보이지 않는 사물들을 상상력 안에서 완전히 구별해낼 수 있다면 그것들이 비록 제 눈에는 보이지 않더라도 실제로 존재하는 것들이기 때문에 구별이 가능한 것입니다.

자, 이제 반지를 손가락에 끼워보십시오. 여러분이 반지를 끼고 있는 순간에는 여러분의 남편(혹은 아내)을 생각할 것입니다.

반지를 계속 끼고 있으십시오. 이것이 가능하다는 것을 제가 어떻게 알고 있느냐고요? 제 아내가 그렇게 했습니다. 제 아내가 쓴 방법입니다. 실제로 제 아내는 이 과정을 통해 저와 결혼했습니다.

저와 결혼하기 전 아내는 어느 날 피부가 민감해진 것을 느껴, 끼고 있던 반지를 빼었습니다. 어떤 분이 그녀에게 "결혼반지를 왜 빼세요?"라고 물었습니다. 사실 그 어떤 분은 저였습니다. 제 아내는 대답했습니다.

"저는 결혼하지 않았는데요."

그리고 그녀는 손가락에서 반지를 뺐습니다. 저는 그녀에게 저의 이름을 알려주었죠. 그런 후 그녀는 '네빌..네빌..' 이라고 마음속으로 되뇌기 시작했습니다. 그때 그녀는 자신이 무엇을 하고 있었는지 잘 몰랐다고 했습니다. 저는 알고 있었죠. 그녀는 저의 아내가 되면 어떤 느낌일지에 대해 의식적으로 느끼고 있었던 것입니다.

제가 제 아내를 처음 보았을 때 제가 그녀와 결혼하고 싶어 한다는 것을 알고 있었습니다. 그러나 저는 그때 저의 개인적인 문제가 복잡하게 얽혀있어 그녀에게 다가가지 못했습니다. 하지만 이 법칙에 의해 저는 그 복잡했던 문제들에서 빠져나와 그녀에게 실제로 청혼하게 되었습니다.

제가 제 아내에게 실제로 청혼하기 전까지 그녀는 그 반지를 끼고 있었습니다. 저는 그때까지 그녀의 손가락에 반지를 끼워주지 않은 상태였지만 그녀는 저에게 반지를 끼우도록 했습니다. 그리고 그 반지를 마치 제가 끼워준 것처럼 상상하고 잠에 들곤 했었습니다.

아직 결혼을 하지 못한 여성분들에게 이 이야기를 들려드리고 싶었습니다. 물론 결혼을 하고 싶은 분들에 한해서입니다. 결혼에 관심이 없는 분들도 분명히 있을 것입니다. 괜찮습니다. 결혼을 하고 싶은 분들에게 말씀드리는 것입니다. 제 아내의 이야기가 바로 여러분이 할 수 있는 방법 중에 하나입니다. 그렇게 한다면 그 일은 갑작스럽게 이루어집니다. 결혼 상대를 찾아 헤매거나 누가 좋은 상대를 소개시켜주길 기대하면서 중매자를 만나러 다닐 필요가 없습니다.

대체로 '이 사람이다' 싶은 사람을 열심히 찾다가 만나게 되면 '사실은 이 사람이 아니었던' 경우가 많지요. 그러므로 밖에 나가 결혼 상대자를 열심히 찾지 마십시오. **사랑을 찾는 사람들은 결국 사랑이 결핍된 상태를 현실로 불러내게 됩니다.** 그 상태로는 사랑을 찾을 수 없게 됩니다. 사랑이 있는 상태만이 사랑을 찾을 수 있습니다. 그러한 사람들은 사랑을 찾아다니지 않습니다.

사랑은 빠지는 것이지 찾아다니는 것이 아닙니다. 사랑이 여러분에게 오도록 초대하는 것입니다. 여러분이 끌어당겨 오는 것입니다. 제 발로 찾아오게 될 것입니다.

오늘 제가 말씀드린 '힘'의 의미는 이것입니다. 상상력의 힘, 우주 만물의 힘입니다. 만물을 창조하고 유지시키는 힘은 여러분 안에 살고 있으며 그것은 바로 여러분의 놀라운 상상력입니다. 그것이 하느님입니다. 이 사실을 절대로 잊지 마십시오.

물론 저는 사람들이 이 사실을 당장 받아들이기 힘들어 한다는 것을 알고 있습니다. 우리들 대부분은 성당이나 교회에 있는 하느님을 믿어왔고 기도하기 위해 그러한 장소를 찾습니다. 그리고 잠에 들기 전 오늘 주어진 일들에 대한 감사나 다른 어떤 소망에 대한 것을 바깥에 있는 하느님에게 기도드리곤 합니다. 이것은 비난할 만한 일은 아닙니다. 믿음이 강하다는 것은 좋은 일이기 때문입니다.

그러나 저는 여러분에게 감히 말씀드립니다. 하느님은 여러분이 생각하는 그곳에 있지 않습니다. 오늘 강연의 이야기를 관심 없는 이에게 말하게 된다면 비웃음을 사게 될지도 모르지만, 단언하건데 하느님은 여러분 안에 계십니다. 아주 지극히 당신의 하느님입니다.

늦은 오후였거나 저녁쯤으로 기억되는 어느 날, 저는 고요하게 앉아있었습니다. 그 침묵 속에서 아무런 생각도 하지 않고 앉아있었습니다. 그런데 갑자기 어떤 문장이 제 눈앞에 펼쳐졌습니다. 제가 그 단어들을 자세히 살피려고 하자 그것들은 잘게 쪼개져 수많은 물방울들처럼 공중으로 분해되어 사라졌다가 다시 스스로를 맞추어가기 시작했습니다. 다시 맞추어진 그 조각들은 어떠한 사람의 형태를 띠고 있었습니다. 가부좌를 틀고 있는 어떤 남자였죠. 저는 그 남자를 살펴보았는데 그 남자는 완벽한 자세로 조용히 앉아있었습니다. 그것은 저였습니다. 저는 조용히 앉아있는 저를 보고 있었던 것입니다. 제가 가부좌를 틀고 앉아있는 모습이 그곳에 있었습니다. 그것은 제 모습이었습니다. 그리고 그것을 관찰하던 저는 '인식하는 자'로서 저였습니다.

그날 저의 깊고 깊은 명상은 제가 저의 모습을 관찰하고 있다는 것을 깨닫고 난 후 끝이 났습니다. 가부좌를 틀고 있던 저의 모습은 희미하게 빛이 나기 시작했습니다. 그 빛은 점점 밝아지며 계속 커져만 갔습니다. 그 빛의 밝기가 가장 강해진 순간 그 빛은 폭발해버렸고 저는 명상에서 깨어났습니다.

제가 저의 모습을 그리고 제가 내는 빛을 어디에서 본 것일까요? 제 안입니다. 제 안의 '존재'가 명상에 들었던 것입니다. 제 안의 존재가 '문장'의 형태로 스스로를 보호한 후 명상에 들었던 것입니다. 그리고 그 존재가 제 안에서 깨어난 순간 저는 그 존재가 저라는 것을 완전히 알게 되었습니다.

하느님은 제가 되었습니다. 저는 하느님이 되었습니다. 그리고 저와 하느님은 이 모든 평화를 저에게 가져다주었고 또한 모든 실수를 하도록 허락하였습니다. 제가 앞서 말씀드린 괴물을 제 안에서 만들고 있는 것도 그분은 지켜보고 있었습니다. 저는 괴물도 만들었고 사랑스러운 천사도 만들었습니다. 하느님은 제 안에서 명상을 통해 이 모든 것을 만들도록 저를 내버려두었습니다.

그분은 제 안의 '꿈꾸는 자'입니다. 그분은 제가 이 세상에서 꿈꾸고 있는 모든 것을 또한 꿈꾸고 있었습니다. 제가 이 세상에서 소망하는 모든 것을 함께 소망하고 있었습니다. 하느님이 드러나시게 되면 더 이상 우리는 둘이 아닌 하나의 존재가 됩니다.

자, 이제 집으로 돌아가셔서 오늘 강연의 주제인 '힘'을 당장 오늘밤 사용하기 시작하십시오. 만약 여러분이 여러분의 상상력을 신뢰하고 사용하기 시작한다면 여러분은 절대 실패하지 않으리란 것을 이 자리에서 약속드립니다.

FEEL AFTER HIM
상상 속에서 구하라

좋습니다.

지금 만약 제가 원하는 사람이 되었다는 것을 담대하게 사실로 가정하고 받아들이기로 결정했다면 저는 이제부터 그 결정에 따를 것입니다.

그리고 아침 점심 저녁으로 제 마음과 느낌을 살피며 사실로 가정한 상태를 계속 유지하도록 노력할 것입니다.

저는 매일매일 저의 상태를 살피며 제가 사실로 가정하고 받아들인 것과 모순된 마음상태나 생각이 자리 잡은 것을 발견하면 그 즉시 그것을 무시해 버립니다.

그러한 마음상태나 생각을 한편으로 치워둡니다. 그리고 저는 제가 받아들인 천국의 모습, 즉 제가 원하는 상태에 대한 생각에만 충실할 것입니다.

하나의 새로운 관념을 받아들이려면 그것이 자신의 일부가 될 때까지 수많은 자기암시를 반복해야만 합니다. 제가 1938년에 강의를 시작한 이래로 사람들 모두에게 알리고자 했던 **법칙**은 아직도 그것을 듣는 사람들에게 너무나 생소해서 충격으로 다가가고 있는지도 모르겠습니다.

제 강의에 참석한 분 중 몇몇은, 해를 거듭하여 제가 알리고자 하는 법칙을 듣고 또 들으셨습니다. 그런데 이런 분들 모두가 이것을 제대로 사용하는 것은 아닙니다. 그 이유는 제가 말씀드린 법칙이 그분들의 일부가 아직 되지 못했기 때문입니다. 제가 계속 반복해서 말하는 법칙이란 바로 이것입니다.

"상상이 현실을 창조한다."

저는 확신을 가지고 이 말을 할 수 있습니다. 왜냐하면 저는 상상력이라는 것이 하느님의 활동이란 것임을 발견하였고 확인하였으며 하느님은 바로 우리 인간이라는 것 또한 알게 되었기 때문입니다. 하느님은 우리 안에 있으며 우리들 또한 하느님에게 속해 있습니다. 불멸하는 인간의 몸, 그것은 바로 인간의 상상력입니다. 그것은 또한 하느님 그분입니다.

세상 만물을 창조한 것이 하느님이라면, 이 광활한 우주 모두를 만들고 그것의 주인이 된 것이 하느님이라면, 그분 역시 인간이 가진 것과 똑같은 상상력을 이용해 이 모든 일을 했었을 것입니다. 하느님이 가진 것은 인간도 가지고 있습니다. 그렇다면 우리 인간은 자신이 무엇을 상상하고 있는지에 대해 지금보다 더 큰 관심을 기울여야 할 것입니다. 저는 **상상이 현실을 창조한다**는 문구를 그저 세상을 대하는 여러 관점 중 하나로써 말하고 싶지는 않습니다.

제가 **상상이 현실을 창조한다**는 말을 완전히 믿는다면 제가 어떤 것을 생각하고 상상하는 지에 대해 더 많은 관심을 가지고 주의를 쏟을 것입니다. 그래서 만약 제가 작정하고 저의 하루를 주의 깊게 관찰해 본다면, 다시 말해 제가 하루 동안 어떤 생각을 하며 보내는지 샅샅이 살펴본다면 그 시간 동안 혹은 깨어있는 18시간 동안 대부분을 제 인생에서 원하지 않는 경험에 대해 생각하며 보내고 있다는 것을 발견하게 됩니다.

자, 이제 제가 말한 **상상이 현실을 창조한다**는 문구에 큰 관심을 두지 않고 아침을 맞는다고 해보겠습니다. 조간신문을 읽으면서 저는 제가 원하는 것과는 상관없는 마구잡이 상상력을 사용합니다. 그리고는 신문의 내용이 사실인지 아닌지 크게 상관없이 자동적으로 그 기사의 내용에 반응합니다. 신문의 내용이 신문사의 의도로 그렇게 쓰였는지 아니면 어떤 기자의 나름의 해석대로 쓰였는지 알지도 못하면서 우리는 신문을 한 줄씩 읽어가며 기사에 반응합니다. 그리고 그 마구잡이 생각들을 그대로 지니고 일터로 나갑니다. 사람들을 만나고 점심을 먹습니다. 이렇게 우리는 하루 24시간을 원하지 않는 경험들을 상상하는데 써버립니다.

사람들이 살고 있는 세상이 상상속의 세계를 기반으로 만들어진다는 사실은 조금만 돌아보면 알 수 있습니다. 우리가 그것을 깨닫게 된다면 우리는 마침내 진실을 알게 되고 하느님 또한 찾게 될 것입니다.

사도행전 17장에 나오는 이야기를 말씀드리려 합니다. 이 이야기가 역사적 사실인지 아닌지는 알 수 없습니다. 사실인지 아닌지가 중요한 것은 아닙니다. 단지 이야기 안에 오늘 강의의 핵심이 있다는 것이 중요할 뿐입니다.

회당에서는 유대인과 경건한 사람들과 또 장터에서는 날마다 만나는 사람들과 변론하니 어떤 에피쿠로스와 스토아 철학자들도 바울과 쟁론하니, 어떤 사람은 이르되 이 말쟁이가 무슨 말을 하고자 하느냐 하고 어떤 사람은 이르되 이방 신들을 전하는 사람인가보다 하니 이는 바울이 예수와 부활을 전하기 때문이라.
그를 붙들어 아레오바고로 가며 말하기를 네가 말하는 이 새로운 가르침이 무엇인지 우리가 알 수 있겠느냐, 네가 어떤 이상한 것

을 우리 귀에 들려주니 그 무슨 뜻인지 알고자 하노라 하니, 모든 아덴 사람과 거기서 나그네 된 외국인들이 가장 새로운 것을 말하고 듣는 것 이외에는 달리 시간을 쓰지 않더라.

바울이 아레오바고 가운데 서서 말하되 아덴 사람들아 너희를 보니 범사에 신앙심이 많도다. 내가 두루 다니며 너희가 위하는 것들을 보다가 '알지 못하는 신에게' 라고 새긴 단도 보았으니 그런즉 너희가 알지 못하고 위하는 그것을 내가 너희에게 알게 하리라.

우주와 그 가운데 있는 만물을 지으신 하느님께서는 천지의 주재시니 손으로 지은 전에 계시지 아니하시고 또 무엇이 부족한 것처럼 사람의 손으로 섬김을 받으시는 것이 아니더라.

(사도행전 17:17-25)

우리가 그를 힘입어 살며 기동하며 존재하느니라.

너희 시인 중 어떤 사람들의 말과 같이 우리가 그의 소생이라 하니 이와 같이 하느님의 소생이 되었은즉 하느님을 금이나 은이나 돌에다 사람의 기술과 고안으로 새긴 것들과 같이 여길 것이 아니니라.

(사도행전 17:27-29)

그들이 죽은 자의 부활을 듣고 어떤 사람은 조롱도 하고 어떤 사람은 이 일에 대하여 네 말을 다시 듣겠다 하니 이에 바울이 그들 가운데서 떠나더라.

(사도행전 17: 32)

바울이 회당에 모인 사람들에게 한 말 중 빈정대는 부분이 있습니다. 여러분들이 세심히 읽었다면 눈치 챘을 것입니다.

"아덴 사람들아 너희를 보니 범사에 신앙심이 많도다. 내가 두루 다니며 너희가 위하는 것들을 보다가 『알지 못하는 신에게』라고 새긴 단도 보았으니"

(사도행전 17:22-23)

알지 못하는 신에게 새긴 단도, 즉 알지도 못하는 신에게 숭배할만한 물건을 만들었다는 말입니다. 바울은 이것을 빈정대면서 이야기했다는 것을 글을 보면 대번에 알 수 있습니다. 그리고 바울은 말을 이어갑니다.

"그런즉 너희가 알지 못하고 위하는 그것을 내가 너희에게 알게 하리라."

(사도행전 17:23)

그리고 바울은 유일신과 유일신이 우주만물을 창조한 것에 대하여, 그리고 그 신은 먼 곳이 아닌 우리 안에 내재한다는 사실에 대하여 그곳에 모인 사람들에게 들려주었습니다. 유일신 하느님은 세상에 존재하는 모든 것에 들어있습니다. 유일신 하느님은 우주 전체의 신입니다. 손으로 만든 조각이 아닙니다. 여러분은 유일신 하느님을 신당이나 교회 혹은 절에서 찾을 수 없습니다.

어떤 사람은 자신의 손으로 사람 모형을 만들고 그것을 숭배하며 PALO(스페인어: 주술사, 신)라는 이름까지 붙입니다.

그러나 제가 오늘 이 자리에서 말씀드리고 있는 하느님은 우리 모두 안에 살고 있습니다. 우리 모두 안에 살고 있는 그분, 그분이 바로 제가 말씀드리고 있는 진정한 유일신 하느님입니다. 그분이 바로 죽음에서 부활한 유일신 하느님입니다. 물론 회당에 모여 있던 사람들은 이 말을 듣고 바울을 조롱하며 비웃었습니다. 그러자 바울은 아테네에서 코린으로 떠납니다.

바울이 아테네에 무엇을 하러 간 것인지는 모르지만 어쨌든 아테네 사람들은 그의 강연을 심각하게 받아들이지 않았습니다. 왜냐하면 아테네인들은 그 당시에 지식수준이 아주 높은 집단이라 불렸었고, 스스로를 현명하다고 생각했기 때문입니다. 오늘날에도 이런 아테네인과 비슷한 부류의 사람들이 많습니다. 그저 자신들이 믿고 있는 것과 다르다면 그 어떠한 사실이라도 부정하고 비웃어버립니다. 그것들은 자신들의 환상일 뿐인데도 말입니다.

저는 오늘 여러분에게 바울이 되어서 이런 말을 드릴 것입니다.

"여러분이 오직 하느님을 느끼는 것만을 한다면, 여러분은 그분을 찾게 될 것입니다."

여러분이 하느님을 느끼려고 한다면 그분을 찾을 수 있습니다. 무엇을 찾는다고요? 우주 만물의 신입니다! 그분은 이 세상을 만들고 영혼을 불어넣어주었을 뿐만 아니라 우리들 안에 자신의 영혼 또한 불어넣어준 분입니다. 인간 안에 살고 있는 그분의 영혼이란 바로 인간 고유의 상상력입니다. 여러분이 '나는(I AM)'이라고 말할 때, 여러분은 하느님을 말하고 있는 것입니다. 오직 한분뿐인 유일한 하느님입니다. 다른 신은 세상 어디에도 존재하지 않습니다. 그러므로 하느님은 모든 인간 안에 살고 있습니다. 모든 남자와 여자 그리고 여자에게서 태어난 모든 아이들 안에 살고 있습니다. 이 말은 즉, 하느님의 존재가 스스로 번식하고 생활하도록 그분 자신을 열어둔 것입니다. 우리가 '삶'이라고 말하는 이 세상의 것들을 체험할 수 있도록 말입니다.

그러므로 영원히 죽지 않는 인간의 몸은 상상력이며 그것은 하느님의 존재 자체입니다. 성경에서는 '예수'라고 말합니다. 그것이 바로 하느님입니다. 그분은 어디에 있다고 했습니까? 여러분의 바깥에 존재하는 무엇입니까? 아닙니다. 하느님은 바로 여러분 안에 살고 있습니다. 여러분이 '나는(I AM)'이라고 말할 때 여러분은 예수를 말하는 것입니다.

세상사람들은 유일신 하느님이 저 하늘 위 어딘가에 살고 있는 분이라고 말하고 있습니다. 그래서 제가 방금 말했던 것처럼 우리 안에 있다고 말한다면 세상 사람들에게는 충격일 것입니다. 사람들은 이 진리를 들으려 하지 않습니다. 돈을 좀 더 벌 수 있다거나 인생살이에 도움이 된다면 들으려고 하겠지요.

사람들은 자신들이 원하는 대로 살면서도 나무로 만든 십자가 따위에 연연합니다. 바울은 '너희가 숭배하는 조각들을 보다가'라고 말했습니다. 사람들은 정말로 그렇습니다. 나무를 깎고 색을 칠하고 사람의 모형을 만들고 그것을 예수라고 부릅니다. 자신들의 손으로 직접 무엇인가를 만들어 그것을 예수라고 부릅니다. 자신들의 손으로 만들어놓고는 성스럽다는 나무 조각 위에 올려놓거나 접시 같은 것 위에 올려놓거나 그것도 모자라 벽에 걸어놓고는 성호를 그으며 자신에게 복을 내려달라고 기도합니다. 세상에는 사람들이 스스로 만들고 찬양하는 '조각' 같은 것이 존재합니다. 그러나 이것을 기억하십시오. 무엇인가를 만드는 사람은 그들에 의해 만들어진 어떤 것보다 더 위대합니다. 전시회에 전시된 예술작품이 얼마나 멋지게 만들어진 것인지에 상관없이 그것을 만들어낸 예술가는 그 작품보다 항상 더 위대한 법입니다. 이 사실을 깨닫지 못한 채 우리는 여전히 무엇인가를 만들어내고 벽에 걸거나 탁자위에 올려놓고는 찬양합니다.

여러분에게 이 자리에서 확신을 가지고 말씀드리고 싶습니다. 여러분의 상상력이 바로 하느님입니다. 상상력이 하느님입니다. 자, 이제 이 명제만을 유심히 연구해서 마음에 새겨 넣었다면 저는 바울이 말한 것을 시험해볼 수 있습니다. 바울은 '**하느님을 더듬어 느끼려고 한다면 그를 찾을 수 있을 것이라**'고 하였습니다. 블레이크 또한 말했습니다. '**상상력은 영혼의 감각이다**'고 말입니다.

그렇다면 어떻게 하느님을 더듬어 느껴 그분을 찾을 수 있단 말일까요? 첫 번째로 기억해야 할 것은 하느님이 모든 것을 한다는 것입니다. 좋은 것이든, 나쁜 것이든 혹은 둘 다 아니던지, 모든 것을 합니다. 그분은 여러분이 부정적인 것에 동의하거나 자만심에 빠져있을 때에도 여러분 안에서 고요하고도 신속히 솟아오릅니다. 왜냐하면 하느님은 창조의 힘이기 때문입니다. 하느님은 잔인하기도 하고 삶을 창조하기도 하며 삶에 상처를 내기도 하고 또한 그 상처를 치료하기도 합니다. 이 모든 것은 단 하나의 창조의 힘으로부터 가능한 것입니다. 단 하나의 힘으로부터 가능합니다. 어떤 신은 악마같이 무섭고 어떤 신은 선하며 또 어떤 신은 사랑이 가득하거나 미움이 가득하거나 하지는 않습니다. 세상에 이처럼 다양한 신이란 존재하지 않습니다. 단 하나의 힘만이 존재할 뿐입니다. 그 힘은 바로 인간의 상상력입니다.

그렇다면 어떻게 하느님을 더듬어 느낄 수 있겠습니까? 만약 어떤 결과가 사실이라면 여러분은 그 사실을 어떻게 느끼겠습니까? 우선 어떤 결과가 사실인지 궁금합니까? 바로 내가 소망하던 '그 / 그녀'가 되었다는 것입니다. 자, 그렇다면 여러분이 소망하던 상태가 사실이라면 이것의 느낌은 과연 어떠할까요?

우리 안에 있는 하느님은 눈에 보이는 모든 것이 있기도 전에 그것을 만든 하느님이며 **그분 없이는 만들어진 모든 것이 또한 만들어진 어떤 것도 아니게** 됩니다. 이 하느님을 한번 시험해보십시오.

좋습니다. 지금 만약 제가 원하는 사람이 되었다는 것을 담대하게 사실로 가정하고 받아들이기로 결정했다면 저는 이제부터 그 결정에 따를 것입니다. 그리고 아침 점심 저녁으로 제 마음과 느낌을 살피며, 사실로 가정한 상태를 계속 유지하도록 노력할 것입니다. 저는 매일매일 저의 상태를 살피며 제가 사실로 가정하고 받아들인 것과 모순된 마음상태나 생각이 자리 잡고 있는 것을 발견하면 그 즉시 그것을 무시해 버립니다. 그러한 마음상태나 생각을 한켠으로 치워둡니다. 그리고 저는 제가 받아들인 천국의 모습, 즉 제가 원하는 상태에 대한 생각에만 충실할 것입니다. 하루 중 어느 때고 저의 느낌이 제가 현실로 이루려는 그 상태와 일치하지 않는다면 그 생각과 느낌을 멈추고 제가 사실로 가정하고 받아들인 것(나는 내가 원하는 그 사람이라는 것, 혹은 나는 그것을 가지고 있다는 것)으로 마음을 돌릴 것입니다.

이렇게 제가 원하는 상태와 일치하는 생각과 느낌을 받아들이는 행위를 고집한다면 그것은 저에게 완벽한 하나의 현실이 될 것입니다. 그러면 우리는 그때 하느님을 발견합니다.

제가 어떤 장소에서 무엇인가를 만지작거리거나 행동하는 것을 쳐다보는 것을, 전 상상력이라고 말하지 않습니다. 상상력은 제가 마음세상에서 하는 행동을 **현실로 느끼는 것**을 말합니다.

하느님을 발견한다는 것은 하느님을 본다는 의미가 아닙니다. 여러분은 하느님을 보는 것이 아닙니다. 하느님은 형체 없는 영혼이기 때문입니다. 그러나 여러분은 여러분 안에서 일으킨 그분의 행동에 대한 결과를 만날 수 있습니다. 왜냐하면 하느님은 여러분이 어떤 것에 대해 상상하기 시작할 때 움직이기 때문입니다.

여러분이 어떤 것을 선택하여 상상하든 – 그것이 좋은 상상이든 나쁜 것이든 아니면 이것도 저것도 아닌 것이든 - 완전히 여러분의 자유입니다. 여러분은 단순히 선택만 하면 됩니다. 여러분은 무엇이 되고 싶습니까? 무엇을 가지고 싶습니까? 여러분이 선택해보십시오.

그러나 선택을 한 이후에 대부분은 또 이렇게 생각합니다. "나는 배경이 좋지 않은데." "나는 그걸 하기에는 충분한 교육을 받지 못했는데." 이런 것들은 선택과 전혀 상관이 없습니다. 상상력이 현실을 만들어낸다는 명제가 사실이라면 여러분의 대학 졸업장과 같은 것이 무슨 상관입니까? 상상력으로 현실을 만들기 위해 여러분이 갖추어야 하는 조건은 아무것도 없습니다. 여러분이 해야 할 일이라고는 단지 여러분이 원하는 상태 혹은 여러분이 원하는 것을 가진 상태를 뚜렷이 사실로 받아들이는 것뿐입니다. 그것에 성공했다면 그 이후에 여러분의 소망은 스스로 그 모습을 나타낼 것이며 그때 비로소 하느님을 찾게 될 것입니다.

"하느님을 더듬어 찾으면 그분을 찾게 될 것이더라."

바울은 아테네인들에게 이렇게 말했습니다. 저는 제가 이 강연을 시작한 이후 34년 동안 정말 수도 없이 많은 성공사례들을 보아왔습니다. 제가 1938년 2월에 강연을 시작했으니 34년이 지났

네요. 저는 이 시간동안 우리의 신성한 힘을 제대로 소망에 적용한다면 절대 실패하지 않는다는 것을 수도 없이 목격했습니다. 하지만 그 힘은 스스로 소망에 적용되지 않습니다. 우리 인간에게 내려진 힘이기에, 우리가 그것을 작용시켜야 합니다.

우리 모두 안에는 하느님이 있고 그 하느님은 인간의 고유한 상상력입니다. 그러므로 만약 제가 "나는 이미 내가 원하는 그 모습이다"는 것을 담대하게 사실로 받아들인다면 그것은 곧 하느님이 이 명제를 사실로 받아들이는 것과 같습니다.

그렇다면 오늘밤 어떻게 하느님에게로 시선을 돌릴 수 있을까요? 아마 오늘 여기 모인 분들 모두 궁금해 하는 질문일 것입니다. 지금 당장이라도 시작할 수 있습니다. 여러분이 궁금해 하는 순간 이미 그것에 대한 대답을 구하는 행동을 시작했을지도 모르는 일이고요.

요한1서에 이러한 구절이 있습니다.

"우리가 무엇이든지 구하는 바를 들으시는 줄을 안즉 우리가 그에게 구한 그것을 얻은 줄을 또한 아느니라."

(요한일서 5:15)

여기 있는 우리를 포함한 대부분의 사람들은 마음속으로 소망을 중얼거립니다. "나는 이렇게 됐으면 좋겠어." "나는 저걸 가졌으면 좋겠어." 그 중얼거림은 우선 제가 말하는 **황금법칙**의 영역 안으로 들어와서 적용받게 됩니다.

이렇게 상상력을 사용하는 것은 내 세상에 위협을 가하는 것도 아니며 누군가를 해하려고 사용하는 것도 아닙니다. 게다가 이것은 다른 사람의 것을 빼앗는 상상도 아닙니다. 그렇다면 **황금법칙**(내가 타인에게 한 생각은 다시 내게 돌아온다)에도 문제가 없습니다.

그러면 무엇이 문제입니까? 제가 제 소망을 속으로 중얼거렸습니다. 저의 마음과 생각이 그것을 들었을까요? 분명 들었을 것입니다. 물론입니다. 만약 **"나와 아버지는 하나이다"**(요한복음 10:30)는 성경 구절이 사실이라면 나의 아버지 또한 나의 소망을 들었을 것입니다. 모두가 듣지 못했다고 해도 내가 스스로 들은 것을 나는 부정하지 못합니다. 또 내가 들었다면 그리고 나와 아버지는 하나라면 내 안에 살고 있는 하느님에게 "아버지, 감사합니다!"고 말하지 못할 이유가 있습니까?

내가 내 소망을 들었기 때문에 하느님도 그것을 들었습니다. 그리고 우리는 **"하느님께서는 우리가 무엇이든지 구하는 바를 들으시는 줄을 알고 있다면 또한 우리가 그에게 구한 그것을 얻은 줄을 알고"** (요한일서 5:15) 있습니다. 그러므로 제가 "나는 이러이러한 소망이 있다"고 말했다면 우선 제가 듣습니다.

'네빌'이라는 이름의 자아는 이후로 무엇이 펼쳐질지 알지 못합니다. 저는 알지 못합니다. 저는 소망을 품은 사람들에게 이래라 저래라 하지 않을 것입니다. 소망을 품은 이후 저에게도 이래라 저래라 하지 않을 것입니다. 저는 제가 말한 것을 제가 들었다는 것만 알고 있을 뿐입니다. 그리고 제가 들었다면 저의 아버지도 들었을 것이란 것만을 알고 있을 뿐입니다. 왜냐하면 하느님과 저는 하나이기 때문입니다.

나와 하나인 하느님은 바로 나의 고유한 상상력입니다. 이러한 시각에서 볼 때 저는 제 안에 살아 있는 하느님과 나를, 하나이지만 둘처럼 대할 수 있습니다. 그러므로 저는 제 안의 하느님에게 감사의 인사를 합니다. "감사합니다." 제가 들었기 때문에 그분도 들었기에 저는 저의 가장 깊숙한 곳에 살고 있는 그분에게 그 일을 하도록 맡겨버립니다.

이 시점부터는 저의 소망을 이루는 것에 대한 책임이 저에게는 없습니다. 맡겨버렸기 때문입니다. 저는 그분을 불러내어 "그 일이 일어나는 중입니까?"라고 묻지 않습니다. 나와 내 안의 하느님에게 편지를 쓰거나 전화를 하여 "자, 말씀 좀 해보십시오! 어떻게 되어가고 있습니까?"라고 닦달하지 않습니다. 소망은 더 이상 제가 상관할 일이 아니기 때문입니다. 저는 저의 소망을 위해 제가 해야 할 일을 이미 끝마쳤습니다. 나에게 말하고 나의 상상력을 나와 하느님을 대신하여 즐겁게 기꺼이 사용하였습니다.

저는 이것을 눈 깜박할 사이에 했습니다. 여러분은 상상력을 사용할 때 힘들게 수고하지는 않습니다. 저는 이것을 하기 위해 일부러 교회나 시나고그 (유태인 교회) 혹은 세상이 만들어놓은 신성한 장소에 가서 앉아있지 않습니다.

제가 서 있는 곳이 어디든지, 그곳이 신성한 장소입니다. 아버지가 제 안에 살고 있기에, 유일신 하느님을 모시고 있는 이곳보다 더 신성한 곳이 어디에 있겠습니까? 제가 만약 하느님이 저의 고유한 상상력이라는 것을 확실하게 알고 있다면 제가 어디에 있든 그곳보다 더 신성한 장소를 어떻게 찾을 수 있겠습니까? 내가 있는 곳보다 더 신성한 장소는 없습니다.

자, 이제 저는 구했습니다. 제가 그 구함을 들었고 들음과 동시에 구함의 의미를 알고 있는, 지혜의 총합인 그리고 결과적으로 그 구한 것을 밖으로 드러내는 제 안의 하느님에게 감사했습니다. **우리 밖에 있는 이 보이는 세상 전부가 그리고 객관적인 것처럼 보이는 모든 현실이 단지 우리의 상상력이 만들어낸 결과일 뿐이라는 것을 아십시오.** 겉으로 드러난 세상을 부정하려고 애쓰는 것 또한 상상력일 뿐입니다. 부정하려고 애를 쓰지요. 이 세상에는 여러분이 '실재'라고 부를 수 있는 것 중 상상력으로부터 비롯되지 않은 것이 단 하나도 없습니다.

오늘 저는 여기 모인 모든 분들에게 이 말을 하고 싶습니다.

**하느님을 더듬어 느껴보아라.
그리하면 그분을 찾게 될 것이다.**

이 말을 깊이 새기십시오. 바울은 "그분을 찾게 될 수도 있을 것이다"고 말하지 않았습니다. 바울은 "그분을 찾게 될 것이다"고 말했습니다. 그러나 바울의 강연 내용은 아테네인들에게는 너무도 생소했습니다. 그들은 얼마 지나지 않아 예전에 믿던 신에게로 되돌아가고 말았습니다. 바울의 강연 이외에도 우리는 성경에서 상상력을 토기장이에 비유한 내용을 찾을 수 있습니다.

너는 일어나 토기장이의 집으로 내려가라. 내가 거기에서 내 말을 네게 들려주리라, 하시기로 내가 토기장이의 집으로 내려가서 본즉 그가 녹로로 일을 하는데 진흙으로 만든 그릇이 토기장이의 손에서 터지매 그가 그것으로 자기 뜻에 좋은 대로 다른 그릇을 만들더라.

(예레미아 18:2-4)

여러분들이 예레미아 18장에 있는 토기장이 이야기를 읽었다면 아마도 물레 앞에 앉아 점토를 빚고 있는 한 남자의 이미지를 떠올렸을 것입니다. 그는 열심히 물레를 돌리며 멋진 무언가를 만들고 있는 모습일 것입니다. 그 무엇인가는 접시도 될 수 있고 도자기도 될 수 있고... 그 무엇이든 될 수 있습니다. 여기에서 **토기장이**는 상상력을 뜻합니다. 그래서 이 이야기는 곧 "너는 일어나 너의 상상력 안으로 들어가라. 그리고 너의 상상력이 그것의 틀 안에서 무엇을 하는지 지켜보아라"는 말과 같습니다.

여러분은 방금 여러분 안에 있는 어떤 분이 무엇인가를 필요로 한다는 것을 들었습니다. 그것을 무시하고 욕망을 더 키우겠습니까? 아니면 필요를 받아들이고 다듬어서 여러분이 보기에 만족할만한 작품을 만들겠습니까? 제가 어떤 것에 대한 욕망을 느끼면 저는 토기장이의 집으로 내려갑니다. 그리고 저는 열심히 작품을 만들고 있는 저의 토기장이를 발견합니다. 마침 그의 손에 있던 점토는 뭉개져 버렸습니다. 그러나 저의 토기장이는 그것을 던져버리지 않았습니다. 뭉개진 점토를 그대로 사용해 그가 보기에 좋은 작품 하나를 다시 만듭니다.

친구 한 명이 최근에 실직을 했다고 가정해보겠습니다. 현재 그는 직업이 없습니다. 게다가 그가 가진 학력이나 기술로는 당장 마땅한 일거리를 찾을 수도 없으며 더 나은 직장으로 옮길 마땅한 자격증도 가지고 있지 않습니다. 하지만 이런 현실적인 것이 무슨 문제가 될까요? 저는 그 친구의 현실을 마음속에서 재구성합니다. 그 친구가 정말 멋진 직업을 가졌다고 제게 말하는 것을 듣습니다. 그것이 어떤 종류의 직업인지는 알 수 없지만 그 친구가 멋진 직업을 얻게 되었다는 말을 제 상상 속에서 들었을 때 제 안에 있는 하느님도 들었다는 것은 확실히 압니다. 그러면 그분에게 우선 감사의 인사를 할 것입니다.

"아버지께서 들으셨습니다. 감사합니다."

그러고 난 후, 그 친구를 제 마음의 눈앞에서 완전히 다른 사람으로 재구성합니다. 물론 같은 동일한 사람입니다. 하지만 실직한 상태는 아닙니다. 이 친구에게는 이제 새로운 직장이 생겼습니다. 그것을 느껴봅니다. 저의 친구가 제게 기뻐하며 새 직장에 대해 이야기하는 것을 제대로 느꼈다면 저는 **하느님을 찾은 것입니다.**

하느님은 영혼과 같은 존재이기 때문에 눈으로 볼 수는 없습니다. 눈으로 볼 수 없다고 해서 실체가 아니라는 뜻은 아닙니다. 하느님의 영혼은 인간이라는 형태 안에 존재하며 상상력이라는 실체로 나타납니다. 상상력은 실체입니다. 상상력은 현실입니다. 상상력은 신성한 형태입니다. 그러므로 영원히 죽지 않는 인간의 몸이란 다름 아닌 인간의 상상력을 말하며, 그것은 하느님의 존재 그 자체이기도 합니다. 이것 이외에 다른 어떤 신도 세상에 존재하지 않습니다.

여호와께서는 죽이기도 하고 살리기도 하고 상처를 내기도 하고 낫게도 하시니다. 여호와는 가난하게도 하시고 부하게도 하시며 낮추기도 하시고 높이기도 하시는도다.

(사무엘상 2:6-7)

주께서는 모든 것을 하시며 무슨 계획이든지 못 이루실 것이 없는 줄 아오니.

(욥기 42:2)

성경의 말씀입니다. 그러나 사람들은 하느님이라는 단어를 들을 때면 저 멀리 우주 어딘가에서 지켜보고 있는 것으로 생각합니다. 저 멀리 우주 어디라면, 그곳이 어디 있는지는 정확히 알고 있습니까? 사람들은 그것조차 제대로 알고 있지 못하면서 세상 밖 어딘가에 있을 것이라고 짐작합니다.

만약 '하느님'이라는 단어를 우리 인간의 경이로운 상상력을 지칭하는 것으로 느끼지 못하고, 어떤 다른 개념을 떠올린다면 잘못된 신을 생각하고 있는 것입니다. 만약 '예수 그리스도'라는 이름이 지금으로부터 2000년 전에 태어났다가 그때 언제쯤 돌아가셨다가 또 다시 부활한 초능력자쯤으로 생각된다면 여러분은 실제의 예수 그리스도와는 다른 사람을 생각하고 있는 것입니다.

예수 그리스도는 여러분 안에 있다고 성서에 기록되어 있습니다. 만약 그분이 내 안에 있다면 도대체 내 안 정확히 어디에 있는지 알아내야 할 것입니다. 그분은 누구란 말입니까? 저는 그분을 찾았습니다. 예수는 나의 고유한 그리고 멋진 상상력입니다. 그것이 예수 그리스도입니다. 성서에서는, 결국 여자에게서 태어난 모든 사람이 그분을 찾게 되는 경험을 할 것이며, 그분 이외에 다른 그리스도란 없다고 말합니다.

성서의 마태복음 17장에서는 이렇게 말하고 있습니다.

제자들이 눈을 들고 보매 오직 예수 외에는 아무도 보이지 아니하더라.

(마태복음 17:8)

왜 이렇게 되었을까요? 자, 이제 요한1서를 봅시다.

사랑하는 자들아, 우리가 지금은 하느님의 자녀라 장래에 어떻게 될지는 아직 나타나지 아니하였으나 그가 나타나면 우리가 그와 같은 줄을 아는 것은 그의 참모습 그대로 볼 것이기 때문이니.

(요한1서 3:2)

내 안에서 모든 것이 스스로 펼쳐집니다. 그리고 제가 말씀드린 하느님이나 그리스도(상상력)에 대해 사람들이 무엇이라 말하든, 혹은 그들이 믿든 믿지 못하든 저는 그것을 경험합니다. 우선 저는 바울이 했던 것처럼 상상력의 법칙을 사람들이 받아들이든 받아들이지 못하든 상관하지 않습니다. 아테네에 모여 있던 현명한 자들, 에피큐리언 철학자들과 스토익 철학자마저도 바울의 이야기를 비웃고 조롱했습니다. 그러자 바울은 고린도로 떠났습니다. 바울은 그저 자기가 아테네에서 해야 할 일을 했을 뿐입니다. 그가 알고 있는 이야기를 했고 그것을 설명했습니다.

여기 여러분이 찬양하는 것이 있습니다. 여러분 밖에 있는 어떤 조각품 같은 것을 놓고 그것이 여러분조차도 알지 못하는 하느님을 대신한다고 생각하고 있습니다. 여러분은 알지 못하는 하느님이라고 했는데, 제가 다시 말씀드리겠습니다. 여러분은 하느님을 알고 있습니다.

제가 보증하겠습니다. 하느님을 더듬어 찾으십시오. 그러면 여러분은 그분을 찾을 수 있을 것입니다. 그분을 어떻게 찾을 수 있겠습니까? 쉬운 예를 들겠습니다. 만약 오늘밤 제가 뉴욕에 가고 싶다는 소망을 가졌다면 첫 번째로 제가 해야 할 것은 집에 돌아와 제 몸을 침대위에 편안하게 눕히는 것입니다. 제가 침대위에 눕고서는 제가 이미 뉴욕에 있다고 가정하고 그것을 실제로 받아들여야 할 것입니다. 뉴욕에 있지도 않은 제가 어떻게 그것을 받아들일 수 있겠습니까? 만약 저의 모든 것이 상상력이라면 저의 상상 안에서 어디든 자유롭게 갈 수 있습니다.

캘리포니아에 있는 우리가 이것을 한다고 가정해보겠습니다. 몸은 캘리포니아에 있지만 상상 속에서는 뉴욕에 있습니다. 여러분의 몸을 눕히신 캘리포니아를 생각해봅니다. 여러분은 이미 상상 속 뉴욕에 있습니다. 여러분이 이것을 할 때 침대에 누워있는 자신이 느껴집니까? 그렇다면 여러분은 뉴욕에 있는 것이 아닙니다. 뉴욕에서 3000마일이나 서쪽으로 떨어져 있는 여러분의 몸이 보인다고요? 그렇다면 여러분은 뉴욕에 있는 것이 아닙니다. 여러분이 실제로 뉴욕에 있다면 로스앤젤레스로부터 3000마일이나 떨어져 있는 그곳에 누워있는 여러분의 몸을 마음속으로만 볼 수 있을 뿐입니다. 그렇다면 그것은 뉴욕으로부터 생각하는 것입니다. 뉴욕을 생각하고 있는 것이 아닙니다. 이렇게 어떤 곳으로부터 생각을 하느냐 하는 것을 통해 우리는 인간 안의 창조력인, 이 멋진 힘과 그것이 작동하는 방식을 발견할 수 있습니다.

우리의 신비스러운 상상력의 힘으로 풀 수 없는 문제란 이 세

상에 존재하지 않습니다. 절대적인 힘, 절대적인 지혜 그리고 절대적인 기쁨은 그 신비로움을 정복하는 이에게 열려 있습니다.

다른 예를 들어보겠습니다. 여러분이 감옥에 갇혀 있다고 가정해보겠습니다. 자, 이제 여러분은 감옥 안에 있습니다. 그런데 여러분이 오늘 저의 강연을 새겨들었다면 비록 몸은 감옥 안에 갇혀있지만 여러분이 자유의 몸이 되었다는 것을 사실로 가정하고 받아들일 것입니다. 여러분은 자유의 몸이 되기 위해서 감옥 문을 부수고 달아나지는 않을 것입니다. 실제로 달아났다가는 얼마 지나지 않아 잡힐 것이니까요. 그러기보다는 그저 단순하게 여러분이 자유의 몸이 되었다는 것을 사실로 가정하고 받아들입니다.

살인죄로 사형선고를 받은 죄수들의 부모들 대다수가 자신들의 아들딸이 죽음의 문으로 들어가는 것을 원치 않습니다. 그들은 늘 기도하겠지요. 당신의 아들딸의 형 집행이 이루어지지 않도록, 간절히요. 물론 그들의 자녀를 위해 열심히 항소했겠지만 대법원에서는 또 다른 살인을 막기 위해 그들에게 사형선고를 내릴 것입니다. 사형선고를 받은 사람들은 살인을 저질렀습니다. 여러분이 살인은 끔찍하다는 것을 인정하든 그렇지 않든 그것이 중요한 것은 아닙니다. 모든 것이 하느님의 나라에서는 가능하다는 것이 중요합니다. 모든 일이 실제로 가능합니다. 저는 이 문제가 사회적으로 옳거나 옳지 않다는 의견으로 문제를 판단하지 않을 것입니다. 사형을 선고받은 이들이 옳은 일을 한 것인지 아니면 죄를 지었는지에 대해 감정적으로 판단하지는 않을 것입니다. 저는 그저 그 상황에 처해 있을 저의 주관적인 견해만을 말하고 있을 뿐입니다. 만약 그 사형수가 저의 아들이었다면 저는 제 아들이 석방되기를 원했을 것입니다. 만약 제 아들이 감옥에 갇혀있다면 저는 그가 무엇을 저질렀는지에 상관없이 그저 제 아들이 석방되기만을 바랄 것입니다. 자식을 사랑하는 아버지의 마음으로요. 그렇다 하더라도 저는 대법원의 결정을 뒤엎으려 하지는 않을 것입니다. 중요한 것은 모든 것이 하느님에게는 가능하다는 점입니다.

그저 여러분들의 소망을 말씀하십시오. 그 소망이 제가 **황금법칙**이라고 부르는 조건을 만족한다면 - 황금법칙 : 당신이 다른 이들에게 펼쳐낼 소망을, 반대로 그들이 당신에게 펼쳐내어도 좋을만한 것인지 아는 것 - 여러분은 이제 소망을 펼쳐내는 길 위에 서 있는 것입니다. 그런데도 여러분은 늘 하던 대로 여러분의 힘으로 이리 뛰고, 저리 뛰어서 소망을 이룰 수 있을까요? 아닙니다. 여러분에게는 그만한 지혜와 힘이 없습니다. 여러분은 할 수 없습니다. 그러나 여러분 안에는 어떤 존재가 살고 있다는 것을 기억하십시오. 여러분 존재의 반석이 되는 존재입니다. 그분은 여러분의 소망을 펼쳐낼 수 있습니다. 그분은 어떻게 여러분의 소망을 펼쳐낼지 정확히 알고 있습니다.

여러분은 그분을 믿을 수 있습니까? 그리고 여러분은 여러분이 상상 속에서 들었던 소망을 여러분 안에 살고 있는 그분도 들었을 것이라고 확신할 수 있습니까? 믿을 수 있겠습니까? 저는 제가 존재하는 이 차원에서 요청을 하였습니다. 그리고 제가 그것을 들었다면 저의 깊은 곳에 있는 그 존재 또한 확실하게 들었을 것이라고 확신합니다. 그리고 그분은 저의 깊은 곳에 있는 그 존재의 차원에서, 제가 속한 이 차원에서는 이해하지는 못하는, **그분만의 방법**으로 소망을 펼쳐내는 것을 이미 계획합니다.

그러므로 저는 제 소망이 어떤 방식으로 저에게 실현될지에 대해서는 신경 쓰지 않습니다. 저는 단지 저의 상상력이 반드시 작용할 것이라는 것만 알고 있습니다. 그래서 저는 간단하게 제가 이미 구하던 것을 얻었다는 것만 사실로 가정하고 받아들입니다. 제가 담대하게 저의 소망을 사실로 가정하고 받아들이고 사실로 받아들인 저의 소망에만 충실하다면 그것은 곧 현실로 나타나게 될 것입니다.

이러한 방법으로 소망을 펼쳐내는 것의 핵심은 **상상력과 그것을 유지할 수 있는 믿음**입니다. 하느님을 믿고 찬양하는 것, 그 하느님은 바로 여러분의 훌륭하고 멋진 상상력입니다. 유일신 하느님을 믿고 찬양하는 것만이 여러분의 소망을 이루기 위한 길이라고 할 수 있겠습니다. 여러분이 원하는 상태를 마치 지금 일어나는 사실인 것처럼 상상하고, 그것이 어떻게 현실이 될지는 알지 못하나, 받게 될 것이라는 것만 알면 됩니다. 그러고 나서 여러분들의 일상적인 일들에 매진하십시오. 저는 이 자리에서 여러분의 상상력을 한번 시험해 보라고 권합니다. 한번 시도해보십시오. 돈이 드는 것도 아니지 않습니까?

만약 제가 오늘 저의 이 강연을 통해 여러분이 믿고 있던 신에 대한 믿음을 흔들었다면 - 바울이 아테네인들에게 했던 것처럼 - 그것은 여러분에게 큰 축복이 될 것입니다. 여러분이 믿고 있던 신을 잃게 되는 것은 좋은 일입니다. 왜냐하면 진정한 하느님이란 잃어버릴 수가 없는 존재이기 때문입니다. 여러분은 진정한 하느님을 잃을 수가 없습니다. 여러분은 '나(I AM)'의 존재를 절대 잃지 않을 것이기 때문입니다. 여러분은 'I AM'에 대한 감각을 절대 잃을 수가 없습니다. 여러분이 무엇이든 여러분 자신을 제외한 다른 모든 것은 잃을 수 있습니다. 그러나 여러분 자신은 절대 잃을 수 없습니다. 그 잃을 수 없는 것, 그것이 바로 하느님입니다. 잃으려야 잃을 수 없는 것, 그것이 하느님입니다.

제가 오늘 강연을 통해 여러분이 믿고 있던 하느님을 잃게 할 수는 있습니다. 그러나 제가 여러분의 진정한 하느님을 잃게 할 수는 없습니다. 지금 이 자리에서 여러분이 믿고 있던 신에 대한 믿음이 흔들렸다면 여러분은 지금까지 잘못된 신을 믿고 계셨던 것입니다. 그렇다면 제가 잘 하고 있는 것이 맞습니다. 저는 여러분을 대신해 여러분이 믿고 있던 신에 대한 믿음을 흔들었으니까요. 저는 여러분의 모든 믿음을 흔들어 놓을 수는 있으나 여러분 자신에 대한 믿음은 흔들 수 없습니다. I AM이외에 다른 신에 대한 모든 예배들과 의례들은 사실 아무런 의미도 없습니다. 진실로 아무런 의미도 없습니다.

그저 여러분의 일상에 매진하면서 상상할 수 있는 최고의 것을 현실처럼 상상해보십시오. 그러면 그 결과가 여러분에게 현실로 나타날 것입니다. 이것이 익숙해지기까지 여러분은 매일 밤 반복하고 또 반복하여 상상의 기술을 연습할 것입니다. 아직 여러분에게 익숙한 것이 아니므로 이렇게 매일 밤 반복하여 연습하는 것이 필요합니다. 왜냐하면 어떤 날을 골라 여러분 스스로에게 완전히 솔직하겠다고 선언한 후 그날의 아침부터 잠에 들 때까지 여러분이 어떤 상상을 하는지를, 그리고 그날의 일들에 어떤 반응을 하고 있는지를 살펴본다면 여러분은 여러분이 알지도 못하는 사이에 행했던 부끄러운 많은 생각들을 발견하게 되기 때문입니다. 여러분 중 대다수는 이렇게 여러분이 원하지도 않는 상상들을 주로 하며 일상을 보내고 있습니다. 그러면서도 **상상이 현실을 만들어낸다**는 문구만을 반복적으로 읽고 있습니다.

샌프란시스코에 사는 친구가 있습니다. 그녀는 저의 다른 친구와도 서로 알고 지내긴 하였지만 이 둘은 그 당시에 사이가 좋지 않았습니다. 그러던 어느 날 제가 초대받은 저녁만찬에 그녀 또한 초대되었고 우리는 즐거운 시간을 보낸 후 함께 집에 돌아가게 되었습니다. 그 집에서 저희 집까지는 75마일정도 떨어져있는 먼 곳이었습니다. 그녀를 제 차에 태우고 돌아오는 길 내내 아주 무겁고 자욱한 안개가 끼어 있었습니다. 불과 몇 야드 앞도 내다볼 수 없을 만큼 자욱한 안개였습니다. 그 속에서 그녀는 집으로 돌아오는 동안 제 친구에 대한 불평을 늘어놓았습니다. 책으로 낼 수 있을 만큼 정말 많은 불만들을 쏟아내었습니다. 마지막 불평을 늘어놓으며 그녀는 "그 친구에게 신의 축복이 함께 했으면 좋겠네요"라고 말하며 마무리 지었습니다.

75마일이나 되는 거리를 거슬러 오는 동안 그녀는 제 친구에 대한 불평을 늘어놓으며 그 불평들이 마치 사실인 것처럼 자신의 생각으로 제한해 버리고는 곧 그것을 "그 친구에게 신의 축복이 함께 했으면 좋겠네요"라는 말로 용서까지 해버렸습니다. 그녀는 지금까지도 같은 불평을 반복하며 살고 있습니다. 그녀의 상상력을 그녀가 원하지 않는 모든 것에 써버리면서 그녀의 세상을 점점 더 불만거리로 채워만 갑니다. 그녀가 불평을 계속하는 순간은, 그녀 자신이 그녀 주변에 발생하는 불만거리를 제공

하는 원인이라는 것을 믿지 못하는 시간입니다. 전혀 믿지 못했습니다. 저는 그녀의 불만들을 단지 75마일을 운전하는 동안 들었을 뿐이지만 그녀에게는 그 불평들을 현실이라는 이름으로 수확하는데 온 인생을 쏟아붓고 있었던 것입니다.

사람들의 기억은 생각보다 짧습니다. 그들 대부분은 자신이 어떤 방식으로 상상력을 이용하며 살고 있는지 기억하지 못합니다. 그러나 사람들의 깊은 안쪽에 자리 잡고 있는 또 다른 존재는 그들의 크고 작은 상상들을 확실하게 기억하고 있습니다. 갈라디아서 6장의 내용은 우리에게 던지는 경고의 말씀일지도 모르겠습니다.

스스로를 속이지 말라. 하느님은 업신여김을 받지 아니하시나니 사람이 무엇으로 심든지 그대로 거두리라.

(갈라디아서 6:7)

프로이트 또한 이런 말을 하였습니다.

당신의 텃밭이 보이는가? 참깨는 참깨가 되었고 옥수수는 옥수수가 되었다. 침묵과 짙은 어둠은 그것을 알고 있다. 사람의 운명 또한 이와 같다.

여러분은 여러분의 상상을 통해 수확한 것을 여러분의 삶 가운데에서 분별하지 못합니다. 그러나 상상력의 힘은 절대로 실수하는 법이 없습니다. 모든 것은 여러분이 심은 씨앗에서 나온 열매입니다. 정확히 그 씨앗의 열매입니다. 여러분이 심은 씨앗은 어떤 씨앗입니까? 어떤 씨앗이었습니까? 이 구절이 어디서 나온 구절이었는지는 지금은 잘 기억하지 못하지만 이러한 비유가 있습니다.

"나무가 자라나올 때까지 기다려라. 그러면 알게 될 것이다."

자라서 나온 나무는 여러분이 심어놓은 묘목 이외의 것이 될 수가 없기 때문입니다. 삼나무 묘목을 심으면 삼나무가 자랍니다. 제가 옥수수를 심었는데 삼나무가 자라날 일은 없을 것 아닙니까? 그러나 만약 어떤 씨앗을 심고 나서 그것이 어떤 씨앗이었는지 잊어버리고 말았다면 일단 기다려볼 것입니다. 그 씨앗의 열매를 수확할 때 제가 심었던 것이 어떤 씨앗이었는지 저에게 가르쳐 줄 테니까 말입니다.

사람들은 자신들이 심어놓은 씨앗의 열매를 수확하는 것을 거부합니다. 그들 자신이 씨앗을 심었을 것이라고 생각하지도 못한 채 거부합니다.

자, 다시 한 번 이 자리에서 여러분에게 말씀드리겠습니다. 여러분의 놀라운 상상력이 바로 하느님입니다. 그것이 바로 성서에 나오는 유일신 하느님입니다. 구약에서는 '하느님'이라고 부르고 신약에서는 '예수 그리스도'라고 부릅니다. 모두 다 같은 것입니다. 인간의 창조의 힘을 가리키는 것이며 그 창조의 힘은 바로 인간 고유의 놀라운 상상력입니다.

제가 여러 이야기들을 반복하여 여러분에게 말하는 이유는 무엇이겠습니까? 물론 저는 또 다른 새로운 성공사례들을 여러분에게 말해드릴 수도 있습니다. 그러나 여러분은 이미 방법을 알고 있습니다. 방법은 아주 간단합니다. 만약 이 세상의 모든 것과 모든 일들이 인간의 상상력으로부터 비롯된 것이라면 우리는 우리가 원하는 상상을 지금부터 시작해야 할 것입니다. 우리가 원하는 상상을 하기 시작한다면 그 상상의 열매를 수확하게 될 것입니다. 그러나 상상의 나무가 자라는 동안 그것에게 필요치 않은 잔가지를 쳐내어 다듬으십시오. 왜냐하면 여러분이 '인간의 놀라운 상상력이 곧 하느님이다'는 말을 처음 들었을 때에 그것은 여러분에게 무서운 충격일지도 모르기 때문입니다.

옛 시에는 이러한 구절이 있습니다.

내가 발견한 야생의 포도나무를 보라. 무성하게 자라난 그것은 작은 가지들로 뒤덮여 거만할 정도로 부풀어 올라 있구나. 나는 그것의 가지를 쳐내고 다듬어 특별한 포도나무를 만든다. 나무 전

체에 퍼져있는 쓸모없는 가지들과 잎사귀들을 쳐내고 다듬어 결국에는 이렇게 깨끗하고 탐스러운 포도송이들이 열리게 하였구나. 지혜로운 나의 손으로 다듬어 키운 나무가 결국 나에게 은혜를 갚는다.

또한 여러분은 성경에서 나를 포도나무에 비유한 구절을 발견할 수 있을 것입니다. "**나는 영원한 포도나무이다. 나는 신실한 포도나무이며 나의 아버지는 나를 다듬으시는 분이니.**" 또한 여러분은 그 포도나무가 여러분의 상상력이라는 것도 함께 발견할 수 있을 것입니다. 그렇다면 여러분의 포도나무는 자라기 시작할 것입니다. 그 포도나무는 몸통과 뿌리뿐만 아니라 포도를 열매 맺지 못하는 쓸모없는 잔가지나 포도잎사귀까지에도 영양을 주게 됩니다.

제가 이 포도나무를 키우기 시작했다면 저는 제 포도나무에게 각별한 신경을 써서 쓸모없는 가지들과 잎사귀들을 쳐낼 것입니다. 제가 하루 24시간동안 어떤 상상들을 하는지 잘 관찰하면서 말입니다.

이렇게 잘 관찰하여 가지치기를 반복하게 되면 그것은 곧 습관으로 자리 잡게 됩니다. 물론 처음 시작했을 때는 쉽지 않을 것입니다. 그러나 다음날 저는 어제보다 조금 더 잘 할 수 있게 됩니다. 그리고 그 다음날은 조금 더 잘 할 수 있게 됩니다. 그리고 일주일, 한 달 후에는 이전보다 포도나무를 더 잘 관리할 수 있게 됩니다.

잔가지가 다 자랄 때까지 기다리지 마십시오. 쓸모없는 가지를 발견한 순간 그 자리에서 쳐내어 버리십시오. 원하지 않는 상상을 발견한 순간 바로 멈추십시오. 습관의 노예가 되지 마십시오. 대개 사람들은 이렇게 말합니다.

"그저 잡생각 조금 더 할 뿐인데요 뭐."

그러나 멈추십시오. 그 생각이 올라오면 꺼버리십시오. 내 마음대로 생각을 꺼버리는 것은 정말 재미있는 일입니다. 상상력으로 이어지는 생각은 온전히 내 것이기에 그저 생각을 꺼버리면 간단하게 해결됩니다. 그러나 대부분의 사람들은 자신들을 괴롭힌다는 생각에 죄목을 들어 생각을 마치 자신의 통제 밖에 있는 것으로 여기고는 복수를 하려고 안간힘을 씁니다.

자, 만약 여러분이 여러분의 소중한 시간동안 -5초정도밖에 안 될 것입니다- 원하지 않는 상상이 펼쳐지는 것을 내버려두는 습관을 발견했다면 발견 즉시 그 상상을 멈추십시오. 상상을 멈추고 새로운 방향으로 돌리십시오. 그렇게 했다면 여러분은 성공적으로 가지치기를 한 것이며 여러분이 현명하게 가지치기를 해낸 소망의 포도나무는 깨끗하고 정갈한 열매로 여러분에게 기쁨의 수확을 안겨드리게 될 것입니다. 저는 이것을 체험으로 알고 있습니다.

오늘밤 여러분이 잠자리에 들 때에, 잠에 빠지기 직전 여러분의 생각이 여러분이 원하는 것, 여러분에게는 무엇인가 훌륭하고 놀랍고 또한 멋진 것이 되기를 바랍니다. 그 상상을 여러분 마음 깊은 곳으로 데려가십시오. 이것을 반복하여 여러분의 습관으로 만드십시오. 여러분은 소망의 씨앗을 심었습니다. 소망의 씨앗을 심었다면 그것은 자라나 하나의 행동이 되고 반복되는 행동들이 모여 습관이 되고 습관은 성격으로 굳어집니다.

제가 여태껏 같은 이야기를 반복적으로 했다면 그것은 그래야만 했기 때문일 것입니다.

오늘 여기에 모인 분들 중 어떤 분이라도 하루 24시간동안 어떠한 생각을 하고 어떠한 상상을 하고 있는지를 관찰한 후 그것에 대해 저에게 솔직하게 말씀해주실 수 있다면 저에게 편지를 주십시오. 저는 그분의 생각이 담긴 그 편지에 대해 아무런 판단도 하지 않을 것입니다. 저는 다른 사람이 하는 것처럼 생각을 판단하기 위해 이 자리에 있는 것은 아니니까요. 그러나 만약 누군가가 저에게 이러한 편지를 써 줄 수 있다면 저에게는 정말 감격스러운 일이 될 것입니다. 우리는 습관적으로 그다지 유쾌하지만은 않은 마음의 대화를 나누고 있으며 우리 모두가 그러한 습관의 피해자라는 것을 저는 알고 있습니다.

우리는 우리가 상상하는 것은 아무도 관찰하고 있지 않을 것이라고 생각합니다. 에스겔 8장에 나오는 이스라엘의 장로들처럼 우리는 아무도 우리가 생각하는 것을 보지 못한다고 생각합니다.

내게 이르시되 인자야, 이스라엘 족속의 장로들이 각각 그들의 방안 어두운 가운데에서 행하는 것을 네가 보았느냐. 그들이 이르기를 아무도 우리를 보지 아니하시며 여호와께서 이 땅을 버리셨다 하느니라.

(에스겔 8:12)

장로들이 있었던 방은 어떤 방이겠습니까? 여러분의 공간, 바로 여러분이 은밀히 생각을 하는 여러분의 두개골을 가리킵니다. 이스라엘의 장로들은 이렇게 말을 합니다. **"아무도 우리를 보지 아니하시며 여호와께서 이 땅을 버리셨나이다."** 사람들은 자신들의 놀라운 상상력만이 진실임에도 불구하고 아무도 모르는 침묵 속에서 이러한 일을 행하고 있습니다. 자신들이 상상하는 것은 아무도 모른다고 생각하겠지만 그것이 어떠한 상상이든 -좋은것이든 나쁜것이든- 그 상상력의 활동으로 인해 발생하는 사건들이 모여 결과로 주어질 것입니다.

아무도 저에게 자신들이 정확히 무엇을 상상하려고 하는지 말해줄 수는 없습니다. 예를 들어 여러분 중 누군가가 오늘밤 부자가 되는 상상을 시작하려 한다고 가정해봅시다. 여러분 개개인에게 다가가는 '부유함'의 의미는 아마 다 다를 것입니다. 다른 소망들도 마찬가지입니다. 같은 것처럼 보일지라도 개개인에게 다가가는 의미는 다 다를 것입니다.

그저 여러분이 원하는, 여러분에게 의미 있는 것을 주제로 하여 상상하십시오. 그 일이 실제로 이루어졌다면 여러분은 그것을 어떻게 느끼고 반응하겠습니까? 그것의 느낌은 어떻습니까? 그런 후에 그 일이 이미 이루어졌다는 것을 알고 여러분의 일상에 매진하면 됩니다. 저라면 다른 이들이 상상력에 대해 어떻게 말하는지에 대해 신경쓰기보다는 어떻게 하면 상상의 힘을 잘 사용할 것인지에 대해서만 고민할 것입니다. 여러분이 무슨 소망을 가지고 있든 그것이 다른 사람과 무슨 상관입니까?

저는 언젠가 저에게 "어째서 세상 돌아가는 일에 관심이 없냐"고 묻던 친구에게 이렇게 되물었던 적이 있었습니다.

"여보게, 그 사람은 나를 제대로 알지 못한다네. 그리고 나도 그 사람을 모르지. 그뿐인 줄 아나? 내가 어쩌다 그 사람을 만나게 된다 해도 그 사람은 나에게 샌드위치 한 조각 사주지 않을 것이라네. 그런데 내가 어째서 그 사람의 일을 신경 써야 하지? 그 사람이 내 방세를 내주는 것도 아니고 내가 입을 옷을 제공해주는 것도 아닐세. 그 사람은 내가 살아가는데 전혀 기여를 하지 않는 사람이야. 그런데 어째서 내가 그 사람의 일을 신경 써야 한다고 생각하는가? 나는 그에게 전혀 관심이 없네. 그가 무엇을 하든 전혀 신경 쓰이지 않는단 말일세. 내 소중한 시간을 그에 대해 이야기하며 낭비하고 싶지는 않네. 그 시간에 내가 가진 상상력을 어떻게 하면 잘 쓸 것인지에 대해 연구하겠네."

그날 저는 『현명한 삶의 편집자들』이라는 별명이 붙은 책의 내용에 거의 공감할 뻔했습니다. 그 책은 현명한 사람들의 이야기가 실린 책입니다. 책에 실린 억만금을 벌어들이는 사람들은 실제로 현명한 사람들입니다. 저도 그런 사람이 되고 싶다는 뜻은 아닙니다. 그러나 이 책은 그들의 부유함을 부러워하는 사람들 사이에서 두고두고 화젯거리가 되기에 알맞은 것이었습니다. 부자들의 이야기를 화제 삼아서 여러분에게 남는 것이 무엇이 있습니까? 그 사람은 2억만 불을 벌었다더라. 그래서요? 그 사람은 여러분에게 저녁 한 끼 대접한 적도 없습니다. 그 돈으로 여러분에게 어떤 것도 베풀어주지 않았습니다. 그렇다면 여러분이 그 사람의 일에 신경을 써야 하는 이유는 무엇입니까?

저는 오늘 여러분에게 성서에 나오는 몇 가지 이야기들을 들려드렸습니다. 여러분은 이 이야기들을 실제로 인간의 놀라운 상상력의 힘이 곧 성서에 기록된 하느님임을 드러내기 위해 쓰인 것이라고 생각해야 합니다.

만물이 하느님으로 말미암아 지은 바 되었으니 지은 것이 하나도 그가 없이는 된 것이 없느니라.

(요한복음 1:3)

우리가 있는 이 장소에 있는 것부터 헤아려보겠습니다. 여러분이 입고 있는 옷들, 앉아 있는 의자들, 그리고 여기 이 공간까지... 이 모든 것의 시초에는 상상력이 있었습니다. 여기 있는 이 모든 것의 근원은 상상력입니다. 처음에 상상이 있었고 그 상상이 움직이며 그것을 눈으로 볼 수 있는 현실로 만들었습니다. 그러므로 우리가 객관적이라고 인식하는 현실 또한 상상력의 작용으로 인한 결과입니다.

여러분이 지금 가지고 있는 것과 완전히 다른 어떤 것을 원하고 그것을 객체화시킨다면 그것은 객관적인 하나의 사실이 됩니다. 우리가 객관적이라고 느끼는 현실은, 사실 상상력의 작용으로 인한 결과일 뿐입니다. 자, 여러분이 지금 마주치고 있는 현실과 완전히 다른 현실을 원한다면 상상의 활동을 바꾸십시오.

내 상상의 활동을 변화시키지 않고 현재 상황을 바꾸려 드는 것은 자연의 섭리에 정면으로 대항하는 일입니다. 저는 그렇게 해서는 현실을 바꿀 수 없다는 것을 알고 있습니다. 왜냐하면 상상력의 활동을 그대로 둔다는 것은 내가 원하는 현실에 대해 학대를 가하는 것과 같기 때문입니다. 원인을 변화시키지 않고서 현재 상황을 변화시키는 일은 불가능합니다. 변화시켜야만 하는 그 일의 원인은 바로 눈에 보이지 않는 상상력의 활동입니다.

하느님은 죽은 자를 살리시며 없는 것을 있는 것으로 부르시는 분이시라.

(로마서 4:17)

지금 볼 수 있는 모든 것은 보이지 않는 모든 것으로부터 만들어졌습니다. 이것은 히브리서 11장에도 기록되어 있습니다.

믿음으로 모든 세계가 하느님의 말씀으로 지어진 줄을 우리가 아나니, 보이는 것은 나타난 것으로 말미암아 된 것이 아니니라.

(히브리서 11:3)

이것이 변하지 않는 진리이며, 그렇기 때문에 수세기동안 성서에 전해져 내려오는 기록들은 진실입니다. 그렇다면 이것을 시험해보십시오. 진실을 시험해보는 것에 도전해보십시오. 자, 다음의 성서구절에 대답을 해보십시오.

너희는 믿음 안에 있는가? 너희 자신을 시험하고 너희 자신을 확증하라! 예수 그리스도께서 너희 안에 계신 줄을 너희가 스스로 알지 못하느냐?

(고린도후서 13:5)

여러분의 마음을 들여다보고 여러분이 하느님에 대한 믿음을 가지고 있는지 아닌지에 대해 유심히 관찰해보십시오. 하느님을 한번 시험해보도록 하십시오. 그분을 시험하고 어떤 일이 일어나는지 지켜보십시오. 하느님이 곧 나이며 그분이 모든 일을 한다면 저는 그것을 한번 시험해볼 것입니다. 그분을 끊임없이 시험하여 그 결과를 본다면 결국 저의 말처럼 이루어지고 있다는 것을 확인하게 될 것입니다.

담대히 제 삶의 매순간마다 제 소망을 사실로 가정하고 받아들일 것입니다. 제가 할 수 없다는 이러저러한 이유들이 제 마음속을 떠다닌다고 해도, 제 감각들이 그것을 거부하려한다고 해도 저는 담대하게 제 소망이 사실이라는 것을 받아들일 것입니다. 그러면 그 일은 일어납니다. 뜬금없이 일어나게 되지요. 소망은 이루어집니다.

저는 이것을 경험하고 나서 다른 사람들에게 상상의 법칙에 대해 말해주었습니다. 그들은 곧 그것을 자신들에게 적용했고, 저와 같이 소망을 이루었습니다. 그러나 참 이상하게도 그들 중 누군가가 상상력의 사용법이 전보다 더 익숙해졌을 때 상상력을 그다지 중요한 것으로 받아들이지 않습니다. 왜냐하면 소망은 완전히 우리에게 익숙한 아주 자연스러운 방법으로 이루어지기 때문입니다. 그들은 상상력으로 소망을 이룬 후 대개는 이렇게 말합니다.

"그 일은 어쨌든 일어나게 되어 있는 일이었으니까!"

그러고 나서 다시 예전으로 돌아가 마구잡이 상상을 하며 잠자리에 듭니다.

여러분이 누군가를 일깨우기 위해, 상상의 법칙에 대한 이야기를 들려주었다면 그 사람은 그 이야기를 듣는 동안은 정말로 솔깃해 합니다. 이야기를 하는 동안에는 정말로 법칙에 대해 이해하고 사용하고 싶어 하는 듯 보입니다. 그러나 그들이 집으로 돌아가면 늘 하던 생각을 하며 잠자리에 듭니다. 이것이 인간의 속성입니다. 사람들은 환상일 뿐인 현재의 삶을 실제처럼 꿈꾸면서 그들이 상상했던 어떤 일의 열매를 수확했을 때에도 그것이 상상력의 작용이라는 것을 거부하려 합니다. 또 다시 부정적인 상태로 잠에 빠져듭니다.

저는 여기 모인 분들에게, 그리고 제 강의에 빠지지 않고 참석해주는 많은 분들에게 진심으로 권해드리고 싶습니다. 하루 24시간 동안 여러분이 어떤 상상을 하고 있는지 지켜보십시오. 자신을 24시간 내내 지켜보는 것은 사실 쉽지 않습니다. 그렇다면 하루 8시간은 잠을 자는 시간이라고 가정하고 16시간 동안만 지켜보십시오. 깨어있는 16시간을 여러분이 어떤 상상을 하며 보내는지 가만히 지켜보도록 하십시오. 지켜보는 동안 여러분이 원하지 않는 경험을 상상하고 있는 자신을 발견했다면 그 상상을 그 자리에서 멈추십시오. 상상을 그 자리에서 끊어버리고는 어떠한 관심도 두지 마십시오. 1초도 원치 않는 상상을 위해 허비하지 마십시오.

그 상상은 어쩌면 어느 정도 진행되어 여러분 내부에서 어떤 감정을 불러일으키기 직전의 상황일수도 있습니다. 그렇다면 그 감정을 완전히 제거하십시오. 사라지라고 명령하십시오. "그만둬! 그만해!"라고 말씀하십시오. 정신적인 낙태를 하는 것처럼 생각을 완전히 부러뜨려 빼내십시오. 상상이 진행되어 어떠한 감정이 여러분 안에서 폭발하기 전에 정신적인 낙태를 하십시오.

하느님을 더듬어 느끼면 그분을 찾게 될 것이다.

 바울은 아테네인들이 그들 손으로 만들어 찬양하고 있던 조각들을 보면서 위와 같은 말을 했습니다. 바울이 가리키는 곳마다 아테네인들에게는 그들의 손으로 직접 만들어 찬양하고 있던 물건들이 있었습니다. 저는 지금 이 이야기를 이해할 수 있게 되었습니다.

 제가 무용단에 있었던 시절에 어떤 젊은 무용수를 알고 지냈습니다. 아주 아름다운 아가씨였지요. 그녀는 '성모 마리아'라고 부르는 작은 조각상을 항상 지니고 다녔습니다. 그녀는 무대에 오르기 전에 항상 그 조각상에 입을 맞춥니다. 조각상 구석구석에 여러 가지 방법으로 입을 맞추곤 했었습니다. 그녀는 진실로 그런 행위가 자신에게 성공을 가져다준다고 믿고 있었습니다. 무대에 오를 때마다 매번 조각상을 쓰다듬고 입을 맞추며 조각상에 대한 찬양을 끝낸 후에야 무대에 올랐습니다. 그것이 그녀가 찬양하던 물건이었습니다. 그녀는 그 조각상이 실제로 성모 마리아라고 생각했습니다.

 제가 어떤 것을 비난하려고 이런 말씀을 드리는 것은 아니지만 세상의 거의 모든 조각상들은 '예술가'라고 불리는 사람들에 의해서 만들어진 것입니다. 그리고 만들어진 조각상들은 대부분

예술가의 의도와 관계없이 사용되어지곤 합니다. 그런 것들은 수많은 사람들이 만들어낸 괴물과도 같습니다. 그다지 훌륭한 삶을 살았던 예술가들이 만든 것은 아닙니다. 그럼에도 불구하고 그녀는 그 작은 조각상을 자신의 화장대 위에 올려놓고는 쓰다듬으면서 입을 맞춘 후 무대에 오르곤 했었습니다.

또 다른 이야기가 생각나는군요. 제가 언젠가 파티에 한번 참석한 일이 있었습니다. 그 파티에서 어떤 젊은이들을 알게 되었습니다. 한 사람은 신부였고 또 한사람은 신부가 되기 위한 수업을 받고 있었는데 전쟁에 참가하기 위해 학교를 그만두었습니다. 나머지 한 사람은 잘 기억이 나지 않습니다만, 어쨌든 그들 모두는 군대에 지원해 전쟁에 참가했었습니다. 지금 그들 중 한 사람은 전쟁에서 죽었고 한 사람은 팔이 잘리고 무릎 아래쪽이 모두 절단되었습니다. 그리고 신부였던 이 젊은이는 -아 그러고 보니 두 명이 신부였군요- 전쟁 후유증을 겪고 다시 신학교로 복귀했습니다.

전쟁에서 살아남은 두 젊은이는 그날 '성 크리스토퍼' 상을 받기 위해 파티에 참석했습니다. 그들은 신나게 파티를 즐기더군요. 그리고 파티에 참석한 사람들은 그 젊은이들을 '전쟁에서 돌아온 두 명의 성 크리스토퍼'로 칭송하며 지금의 평화가 그들의 희생 덕분이라며 감사를 표했습니다. 지금 그 상은 없어졌습니다. '성

크리스토퍼'라는 인물은 존재하지도 않았다고 합니다.

어쨌든 그날 파티에 참석한 이들은 전쟁의 모든 공을 그 젊은이들에게로 돌렸습니다. 하나는 죽고 하나는 다리와 팔을 잃었으며 하나는 심각한 전쟁 후유증을 앓고 있는 젊은이들에게로 말입니다. 그것이 '성 크리스토퍼'의 모습이었습니다. 그다지 좋아 보이지는 않았습니다. 그래서 저는 제 아내에게 이렇게 말했습니다.

"여보, 저 젊은이들은 내가 무엇을 전달하고 있는지 알고 있어야 할 것 같구려. 저 청년들은 전쟁에 참가하기 전에 내 강연에 왔어야만 했던 사람들이었어. 저들이 나를 이 자리에 부른 것 같아."

그러자 저의 아내가 이렇게 대답했습니다.

"아, 물론 저 젊은이들이 당신을 이리로 향하게 했겠죠. 그렇지만 저들의 믿음에 의한다면 당신은 구원받지 못했어요. 앞으로도 구원받지 못할 것이고요. 왜냐하면 당신은 팔레스타인인이기 때문이죠. 이방인인 당신이 어떻게 구원 받을 수 있겠어요? 저들은 하느님 아버지를 정말 사랑하고 있는 사람들이에요. 하느님 아버지를 자신보다 더 사랑하는 사람들이죠. 그런데 이상하죠? 저들 또한 유태인이 아닌 이방인이니 구원받지는 못할 거예요. 그러므로 당신이 여기서 무엇을 하던 무엇을 가르치고 계시던 저들과 크게 상관없는 일이예요. 당신이 무엇을 가르치고 있는지 저들이 안다고 해도 그것을 다른 사람들에게 전달하지는 못 할 거고요. 왜냐하면 사실 상상의 법칙은 저들과 상관없는 일이거든요. 저 젊은이들에게는 자신들이 받은 가르침만이 자신들에게 유일한 진실이겠죠. 괜한 걱정 마시고 파티나 즐기세요."

저는 실제로 이 말도 안 되는 제 아내의 대답을 듣고 걱정을 덜었습니다.

여러분의 놀라운 상상력이 유일신 하느님입니다. 그 이외에 어떤 신도 존재하지 않습니다. 여러분이 어떤 다른 신이 존재할 것이라고 믿고 있다면 이 세상에는 하느님이 둘인 것입니다. 두 명의 신으로 시작해서 여러분들은 그것을 네 명으로 늘리고 또 여덟 명으로 늘리고 열여섯 명으로 늘려간다면 여러분은 결국 수많은 신들을 만들어내게 될 것입니다.

하느님은 단 한분입니다. 유일한 신입니다. 나의 절대적인 하느님, 그분은 단 한분입니다. 그 분은 바로 'I AM'입니다. 그의 이름은 영원하고 또 영원할 것입니다. 여러분이 "나는(I AM)"이라고 말한다면 곧 여러분들이 상상하는 여러분 자신을 선포하는 것입니다.

여러분의 상상력, 그것이 하느님입니다. 그것은 인간의 상상력이며 또한 인간의 영원한 몸이며 구원자입니다. 우리의 구원자는 누구입니까? 유일신 하느님입니다.

나는(I AM) 절대자이며 이스라엘의 성스러운 너희의 하느님이다. 나 이외에 너희를 구원할 자는 존재하지 않는다.

그리스도의 다른 이름은 절대자 하느님입니다. 그 하느님은 어디에 있습니까? 여러분 안에 있습니다. 하느님은 우리에게 세상의 영혼을 준 것이 아니라 자신의 영혼을 주었습니다.

하느님의 영혼이란 인간의 고유의 놀라운 상상력입니다.

세상을 바꾸려하지 말라.
그것은 단지 거울일 뿐이니.

세상을 강제로 바꾸려는 인간의 투쟁은,
나의 모습이 마음에 들지 않는다고
거울을 깨버리는 것처럼 무익한 짓이다.

거울은 그대로 두고, 그대의 모습을 바꾸라.
세상을 그대로 두고, 그대 자아에 대한 관념을 바꾸라.

Neville Goddard

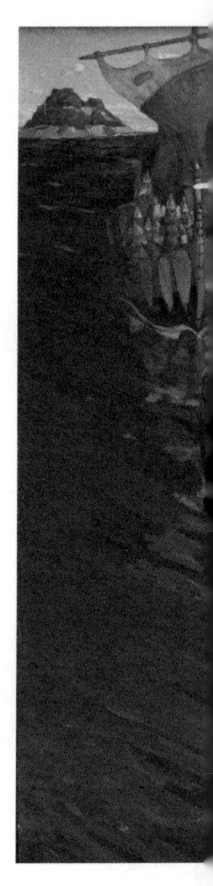

서른세개의계단의 책들

네빌 고다드 5일간의 강의 [네빌 고다드 지음]

네빌 고다드가 1948년에 5일간에 걸쳐 한 강의와 청중들과의 질문과 대답을 묶은 책이다. 시크릿으로 대중화된 '현현의 법칙'을 보다 깊게 다루고 있다. 이론에 대한 자세한 설명과 현실에 적용할 수 있는 자세한 방법을 설명한다.

세상은 당신의 명령을 기다리고 있습니다 [네빌 고다드 지음]

네빌 고다드가 첫 책으로 냈던, [세상은 당신의 명령을 기다리고 있습니다. 원제 At Your Command]와 8개의 일반 강의를 묶어서 책으로 출간했다. 마음의 법칙 전반을 다루고 있다.

네빌 고다드의 부활 [네빌 고다드 지음]

네빌 고다드의 7권의 책을 한권으로 묶었다. 그의 강의를 들었던 청중들이 보내준 많은 경험담과 '현현의 법칙'에 대한 원리를 자세하게 기술하고 있다.

믿음으로 걸어라 (양장본) [네빌 고다드 지음]

저자가 생전 중요하게 여겼던 성경의 구절들을 하나씩 풀이하여 엮었다. 마치 시처럼 한 문장 한 문장이 영혼에 닿는 듯, 읽는 이로 하여금 깊은 울림을 준다.

당신 안의 평화 (양장본) [조셉 머피 지음]

잠재의식의 힘으로 유명한 조셉 머피의 작품으로 요한복음 전체를 강의했다. 누구나 한 번씩은 접하는 성경이지만 성경에 숨겨진 상징을 알지 못하면 그 의미를 깨닫기 힘들다. 이에 조셉 머피가 한 문장 한 문장 그 숨겨진 의미를 밝힌다.

모줌다, 왕국의 비밀 (양장본) [모줌다 지음]

그리스도의 참뜻을 알리기 위해 인도에서 온 영적스승 모줌다. 그가 전해주는 쉽고도 간결한 그리스도의 메시지를 한 권의 책으로 묶었다. 동양의 지혜와 그리스도의 메시지가 모줌다에 의해 밝혀진다.

네빌 고다드 라디오 강의 [네빌 고다드 지음]

네빌 고다드가 로스앤젤레스 라디오를 통해 강연했던 자료들과 1968년이후 강연을 모았다. 이전까지의 책들이 '법칙'에 치중했었다면 이 책은 '법칙'과 '약속'을 적절히 잘 혼합했다. '약속'은 마치 꽃이 피어나듯이 우리 인간 안의 완벽한 자아도 삶과 경험을 통해 완벽하게 피어난다는 내용을 담고 있다.

리액트 (양장본) [네빌고다드 지음]

이 책은 네빌고다드가 반응에 중점을 두고 강의한 것을 묶은 것이다. 반응은 우리의 삶을 옭아매기도 하고, 반대로 우리의 삶에 자유를 줄 수도 있다. 이 책을 통해 우리는 반응을 관찰해서, 바꾸는 법을 배울 수 있다.

네빌링 [리그파 지음]

저자가 네빌고다드의 강의를 읽고 삶에서 적용해본 것을 바탕으로 잠재의식과 상상의 법칙을 설명한다. 많은 실수를 고백하고, 그것으로 인해 새롭게 깨닫게 된 경험들을 기록했다.

웨이아웃 [조셉배너 지음]

1900년대 초중반 미국 영성계를 이끌었던 책이자, 엘비스 프레슬리를 비롯한 많은 이들이 꼽는 최고의 책이다. 조셉 배너는 자신의 책에서 말한 풍요의 법칙과 작은 자아를 초월한 삶(Impersonal Life)을 살았던 완벽한 모범이었다. 그는 책에서 모든 사람에게는 신성한 자아가 존재하고, 사람들의 산란한 마음으로 인해, 마치 구름이 태양을 가리듯 그것이 발현되지 못하고 있다고 말한다.

임모틀맨 1,2 [네빌고다드 지음]

임모틀맨은 네빌고다드가 세상을 떠나기 직전의 강의들을 마가렛 부름 여사가 묶은 책이다. 책에서는 우리가 삶이란 꿈을 원하는 모습으로 꾸는 방법인 '법칙'과 삶이란 꿈을 꾸고 있는 우리 내부의 거대한 자아가 깨어나는 '약속'에 대해 설명한다.

마음의 과학 (양장본) [어니스트 홈즈 지음]

미국의 신사상운동을 주도했던 홈즈는 종교과학이라는 단체를 설립하고, 체계적으로 자신의 학생에게 형이상학을 가르쳤다. 그 교과서가 된 책이다. 그는 이 책을 통해 인간이 왜 소우주라고 불리는지에 대한 이론적인 설명을 바탕으로, 현실에서 원리를 이용하여 문제를 해결하는 실천적 방법을 제시한다.

전제의 법칙

네빌고다드의 대표서적으로 평가받는 책이다. "법칙"과 "약속"이라는 네빌고다드 강의의 두 축 중, 오직 "법칙"만을 다루고 있다. 상상력의 실제 사용법, 그리고 상상력을 잘 사용하기 위해 필수적인 집중력과 의식통제의 훈련 방법 등을 설명한다. 상상력이 현실을 창조한다는 믿음을 가지고 있지만 현실에 적용하는 것에 어려움을 겪고 있는 사람들에게 유용한 책이 될 것이다.

책 내용에 관심이 있으신 분은 방문해주세요.

서른세개의 계단   http://33steps.kr

유튜브 채널

네빌고다드 강의
상상의 힘

2013년 11월 25일 초판 1쇄 발행
2025년 3월 18일 초판 14쇄 발행

지은이   네빌고다드
번 역   최지원, 안유진
펴낸곳   서른세개의 계단 070.7538.0929
블로그   http://blog.naver.com/pathtolight
ISBN   9788997228089 03110

잘못된 책은 바꿔 드립니다. pathtolight@naver.com